장준하의 구국장정 6천리 따라 자전거 기행

억울하게 돌아가신 독립운동가들
그리고
그 후손들에게 이 책을 바칩니다.

장준하의 구국장정 6천리 따라 자전거 기행
– 또 다시 못난 조상이 되지 않기 위해 –

이 규 봉

도서출판 문화의힘

왜 나는 육천리 길을 따라 나섰는가?

008_ 죽은 지 38년 만에 타살이라니!
012_ 추락한 시신이 그렇게 멀쩡해?
016_ 진정한 애국이 무엇인지 알리고 싶었다

탈출한 일본군 부대가 있던 쉬저우까지

018_ 아주 우연한 만남
021_ 자전거 여섯 대가 택시 한 대에 모두 들어가다
025_ 아내에게 일본군 탈출 계획을 말하다

쉬저우에서 한국광복군훈련반이 있던 린취안까지

030_ 추잡하고 비굴했던 한 조선인, 해방 후 육군참모총장 되다
035_ 죽음보다도 견디기 힘든 굶주림
040_ 숙박 보증금 떼먹은 변두리 여관
047_ 장준하에겐 중국군의 안내, 우리에겐 중국 여학생의 안내

린취안에서 난양까지

056_ 중국군 장교가 되다
061_ 세상에 이런 일이! 핸들바가 부러지다니

064_ 국적을 초월한 자전거 형제애
071_ 불편한 잠자리에 이가 득실득실, 옴이 옮아 엄청 고생
073_ 여정의 반을 마치다

난양에서 라오허커우까지

075_ 이념을 초월한 이종인역사박물관
080_ 반일 연극 공연으로 노자를 마련하다

라오허커우에서 바오캉까지

084_ 억! 저 변소를 이용하라고!
086_ 끝없는 오르막! 그래도 내리막이 있잖아
089_ 펑크 날 일 없는 깨끗한 도로

바오캉에서 빠똥까지

093_ 또 다시 못난 조상이 되지 않기 위하여
096_ 여관집 식구들과 함께
100_ 페달 한 번 밟지 않고 30여 킬로미터를 내려가다
102_ 일부는 배를 타고, 일부는 걸어서 빠똥으로 가다
106_ 물과 먹을 것이 모두 떨어지다

빠똥에서 충칭까지

112_ 무슨 기차역에서도 공항처럼 검색하나
117_ 전혀 복원되지 않은 광복군사령부
122_ 장준하의 분노
127_ 대한민국 국군에 의해 소외된 한국광복군

현대 한국인의 딜레마

129_ 귀국, 마음이 복잡했다
136_ 장준하와 박정희, 그 삶의 비교
142_ 우리는 누구의 삶을 따라야 하는가?

남은 이야기

150_ 한반도의 존망이 달린 중국의 핵발전소

|책을 마치며|
|부록|

구국장정 6천리 여정

장준하와 박정희의 비교 연보

장준하의
구국장정 6천리 따라
자전거 기행

– 쉬저우에서 충칭까지

왜 나는
6천리 길을
따라 나섰는가?

죽은 지 38년 만에 타살이라니!

 2013년 3월 26일. 〈장준하 선생 사인 진상조사공동위원회〉는 장준하 선생의 유골을 감식한 결과를 발표했다. 위원회의 정밀감식팀은 '장준하 선생은 머리를 가격당해 목이 손상돼서 즉사했고, 이후 누군가 벼랑 밑으로 내던졌거나 추락해 엉덩이뼈가 손상된 것으로 판단된다'고 밝혔다.

 그 이유로 다음과 같은 세 가지를 들었다. 첫째, 오른쪽 귀 뒷부분의 머리뼈가 둥그렇게 함몰된 것과 그 주변을 세밀히 살펴보았을 때 추락사로 보기 힘들며, 가격한 물체는 둥그런 모양의 돌멩이나 아령과 같은 것일 수 있다고 했다. 둘째, 추락하여 머리뼈와 엉덩이뼈가 함께 골절됐다면 어깨뼈도 부러져야 하는데 시신의 어깨뼈가 멀쩡한 것으로 보아 추락사가 아닐 수 있다는 것이다. 마지막으로 추락해서 머리와 골반의 뼈가 손상당하면 심한 출혈이 생기는데 사망

당시 검안 사진에서 출혈의 흔적을 전혀 찾아볼 수 없었다는 것이다.

비록 민간 발표이나 1975년 8월 17일 경기도 포천에 있는 운악산의 약사봉에서 실족해 죽었다는 정부의 공식보도를 38년 만에 처음으로 뒤집었다. 이로써 그동안 끊임없이 제기되었던 그의 타살 의혹이 처음으로 밝혀졌다. 그러자 누가 이런 일을 저질렀는지 관련 서류를 공개하여 정부에서 공식적으로 진상을 규명해야 한다는 여론이 들끓었다.

장준하 선생의 죽음이 타살이었다면 당시 사회 분위기로 보아 이는 분명히 정치적 타살임에 틀림없다. 왜냐하면 군사쿠데타로 정권을 빼앗은 당시 대통령에게는 거침없이 '밀수왕초 박정희, 청년의 피를 파는 매혈주의자' 등의 독설을 퍼붓는 장준하 선생은 눈엣가시와 같은 존재였기 때문이다. 그뿐 아니라 조국의 해방을 위해 온몸을 다 바친 광복군이었던 장준하의 존재 자체가 일신의 영광을 위해 적국 일본에 충성을 다한 일본군이었던 박정희에게는 정치적으로나 심리적으로나 큰 위협이 되었을 것이다. 광복군에 대한 자격지심을 갖고 있을 일본군 출신의 대통령이 지나가는 말로 '그놈 꽤나 골칫거리네' 하는 한마디만 내뱉는다 하더라도, 그 살벌한 군부독재 시절의 측근에게는 반드시 이루어야 할 지상명령이나 마찬가지 아니었을까?

2004년 대통령 직속 의문사진상규명위원회의 조사 결과에 의하면 당시 중앙정보부는 장준하 선생을 불법 도청하며 감시하고 있었다. 이러한 점으로 볼 때 중앙정보부가 사건 당일에도 장준하 선생의 일거수일투족을 감시하고 있었을 가능성이 매우 높다. 이런 가운데 사고가 일어났으니 장준하 선생의 죽음은 충분히 정치적 타살임을 추측할 수 있다. 또한 중앙정보부는 장준하 선생 사망사건을 처리하는 과정에도 개입했다. 조사하는 경찰들에게 쓸데없는 말을 하지 말라고 경고하기도 했으며 당직검사가 검시할 때도 중정 요원이 현장에 있었다. 사건이 난 지 며칠이 지난 후 중앙정보부는 관련 파출소에서 사건에 대한 기록 일체를 복사해 갔다.

  사건이 발생한 다음날 사고현장에 온 한 의사는 정밀부검 없이 사체검안을 한 후 '오른쪽 후두부 함몰 골절이 결정적 사인'이라는 소견을 제시했고, 함께 온 당직검사는 '단순 실족사'를 사인이라고 결론을 냈다. 유족의 부탁으로 살펴본 한 의사는 두개골이 함몰된 것을 확인하고 해부학적으로 그 부분은 추락으로 인해 손상당하기 어려운 곳이며 또한 넘어지거나 구른 흔적도 없다고 밝혔다.

  장준하 선생 사인에 대한 진상을 규명하려는 시도는 사건이 발생한 이후에도 계속 있어 왔다. 일부 조사에서는 단순 추락사로 보기 어렵다는 의견도 나왔지만 시신에 대한 정밀 감식을 하지 않고 조사하여 분명한 결론을 내지 못했다고 한다.

1993년 9월 민주당은 당 차원의 〈장준하선생사인규명조사위원회〉가 조사한 보고서에서, 장준하 선생의 사인은 결코 추락에 의해서가 아니라 가운데에 홈이 파인 원형의 인공 물체에 의한 후두부 골절이라고 했다. 조사 결과 새로이 제기된 문제점은 사망의 결정적인 원인은 후두부 중앙부에 홈이 있는 인공적 물체를 가지고 직각으로 가격하여 생긴 후두부 함몰로 추정되고, 오른쪽 팔과 엉덩이의 의문의 주사자국은 보통 주사자국보다 크게 확장된 것으로서 짧은 시간에 많은 양을 주사한 경우에 해당되며, 마취 주사 후 선생의 몸을 고정시킨 뒤 후두부 급소 부위를 강타했을 가능성이 높다고 밝혔다.

2004년 대통령 직속 의문사진상규명위원회는 시신 사진으로 감정을 의뢰했지만 대부분 전문가들은 부검을 하지 않은 상태에서 사진만으로 정확한 사인을 밝히는 데 한계가 있다고 했다. 그러나 추락하여 사망할 경우 대부분 머리나 가슴에 각종 타박상과 골절 등이 나타나나 장준하 선생의 시신에는 큰 외상이 없었던 것으로 보아 추락해서 사망했다고 보기는 어렵다는 점도 밝혔다. 하지만 진상규명 불능으로 처리됐다.

한편 2013년 1월 대한법의학회 감정위원회는 의문사위 보고서와 장준하 선생의 이장시 촬영된 동영상 등을 토대로 두개골 골절 손상은 추락에 의한 결과라고 보는 것이 합리적이라 주장하며 추락사 가능성도 있다는 보고를 했다.

추락한 시신이 그렇게 멀쩡해?

나는 시신이 발견된 현장에 가보고 싶었다. 그러나 지도를 찾아봐도 인터넷 검색을 해도 포천 근처에 약사봉이란 곳은 나오지 않았다. 장준하 선생의 장남 장호권 선생의 도움을 받아 2013년 11월에 장준하 선생을 추모하는 분들과 함께 돌아가신 현장을 방문했다. 서울역에서 두 시간 걸려 도착한 곳은 포천에 있는 운악산 자락의 약사계곡이었다. 입구에 '약사유원지계곡'이라는 펼침막이 눈에 띄었다. 논을 지나서 계곡을 따라 거친 길을 한 30분 올라가니 '장준하 선생님 원통히 숨진 곳'이라는 하얀색의 길쭉한 팻말이 보였다. 그 앞에는 넓적한 바위가 계곡에 걸쳐 누워 있고 그 아래로 계곡물이 돌아 나간다.

이 바위 위에 장준하 선생의 시신이 가지런히 누워 있었다고 한다. 함께 등산했던 사람들이 절벽 아래에 떨어져 있는 장준하 선생을 이리로 옮겨 왔다는 것이다. 여기서 한 5분 정도 위로 올라가니 떨어졌다는 그 절벽이 있고, 그 아래 시신이 발견되었다고 한 그 장소 옆에 글이 새겨진 돌비가 있다. 여기에는 이렇게 적혀 있다.

> 오호! 장준하 선생
> 여기 이 말없는 골짝은 빼앗긴 민주주의의 쟁취, 고루 잘 사는 사회, 민족의 자주, 평화, 통일운동의 위대한 지도자 장준하 선생이 원통히 숨진 곳. 뜻을 같이 하는 젊은이들이 맨손으로 돌과 비를 세우니 비록 말못하는 돌뿌리, 풀나무여, 먼 훗날 반드시 돌베개의 뜻을 옳게 증언하라.
> 돌아가신 날 1975. 8. 17
> 비를 세운 날 1975. 9. 17
> 고 장준하 선생 추모 동지 일동

아래에서 올려다보니 절벽은 그렇게 높지는 않았지만 도구 없이는 올라갈 수 없을 정도로 매우 가팔랐다. 절벽 아래에는 뾰족하며 거친 돌들이 널려 있었다.

"어떻게 이런 절벽에서 떨어졌는데 그렇게 시신이 멀쩡할 수 있지?"

장호권 선생은 또 말한다. 사건이 나고 한참 후 다시 여론화 되었을 때, 사건 발생 당시 연락을 받고 처음으로 도착한

추락했다는 약사봉의 절벽. 아래에는
뽀족한 돌들이 많이 있다.

오른쪽 사진은 시신이 발견된
곳에 세운 돌비

주변 부대의 한 위생병이 전하기를 처음엔 시신이 논에 있었다고 알려주었다는 것이다. 그렇다면 그 논은 입구에서 보았던 그 논일 것이다. 주변에 그 논 말고는 없으니까 말이다.

당시 이 계곡은 민간인 통제구역이었으나 해금된 지 약 1주일 되었다고 한다. 지금도 등산로가 험하여 찾는 등산객이 별로 없는 것 같은데 그 당시에 어떻게 이곳이 해금된 줄 알고 서울서 꽤 먼 이곳까지 등산을 왔을까 참으로 의아한 일이 아닐 수 없다. 더구나 이 산에는 당시 북파공작원 부대가 있었다고 한다. 또한 당시 함께 등산을 갔던 그 누구도 지금까지 이 사건에 대해 진술한 적이 없다는 것도 의문이다. 분명 함께 등산을 하였다면 장준하 선생의 지인들이었을 텐데 말이다. 미심쩍은 일이 한두 가지가 아니다.

현장을 직접 보니 당시의 정부 발표는 분명한 거짓이었음을 확인할 수 있었다. 내가 봐도 그러한데 전문가들이 보면 더하지 않겠는가? 그럼에도 이러한 거짓이 38년 동안이나 감춰져 있었다. 그러다 장준하 선생의 묘 이장을 계기로 이제야 비로소 민간 차원에서나마 거짓임이 밝혀진 것이다. 가증스러운 국가의 거짓말은 누구의 이익을 위해 저질러졌을까? 그들은 누구이길래, 어떻게 이러한 거짓말을 33년이란 긴 세월 동안 유지할 수 있었을까?

진정한 애국이 무엇인지 알리고 싶었다

장준하 선생의 유해는 2013년 3월 30일 겨레장으로 다시 장례를 치르고 파주시 탄현면에 있는 장준하기념공원에 안장됐다.

장준하 선생은 일제강점기에 일본군 부대를 탈출해 장장 6천리에 이르는 거리를 걸어서 충칭(重慶)의 대한민국 임시정부로 가셨고 조국의 광복을 위해 일제 치하의 한국에 침투하는 임무를 맡은 특공대로 한 몸을 다 바친 광복군 장교였다. 해방 후에는 백범 김구 선생의 비서로 일했으며 당시 최고의 인기 월간지였던 《사상계》를 발간하여 이승만과 박정희의 독재에 항거한 민주투사였다. 나라와 민족을 진정으로 사랑하는 애국자요 독립운동가인 그가 해방된 후에 일본에 충성한 적군 장교의 정권 아래에서 죽임을 당한 것이나 다름없으니 어찌 비분강개하지 않을 수 있겠는가?

들끓던 여론은 다시 잠잠해졌다. 결자해지의 위치에 있을 박정희의 장녀인 대통령조차 일언반구 말이 없다. 장준하 선생 사인에 대한 진상규명은 물 건너간 것이다. 이러한 사회 분위기에 자전거 여행을 좋아하는 50대 여섯 명은 장준하 선생이 중국 쉬저우(徐州)에 있던 일본군 부대를 탈출해 충칭에 있는 임시정부를 찾아간 그 길을 따라 자전거로 가자

파주시 탄현면 기념공원에 있는 장준하 선생의 묘소

는 데 뜻을 함께 했다. 이 길을 〈장준하의 구국장정 6천리〉라 부르는 데 그 거리가 거의 6천리나 되기 때문이다. 분명 힘들고 어려울 이 길을 마다하지 않고 갔다 온 이유는 장준하 선생 사인에 대한 정부의 진상규명을 촉구하고 장준하 선생의 파란만장한 삶을 젊은 세대에게 알려 거짓 애국이 판치는 대한민국에 진정한 애국이 무엇인지 알리고자 하는 것이었다.

> 장준하 선생의 사인에 대한 정부의 진상규명을 촉구하는 독자께서는 〈**장준하특별법제정시민행동**(www.who-how.or.kr)〉에 회원으로 가입하고 후원하여 주시길 바랍니다.

탈출한
일본군 부대가 있던
쉬저우까지

아주 우연한 만남

 2013년 6월 23일. 인천공항으로 가기 위해 우리는 대전에서 승합차를 대절했다. 자전거 다섯 대가 모두 잘 들어갈까 염려했으나 뒷좌석을 앞으로 밀어 생긴 공간에 가까스로 집어넣을 수 있었다. 앞뒤 간격이 좁아지긴 했지만 다섯 명이 타기에는 충분한 좌석도 마련됐다.

 올라가는 도중 대한민국임시정부사적지연구회 이봉원 회장님이 독립군가 음원을 휴대전화로 보내주어 듣고 있으니 마치 독립군이 된 느낌이 들었다. 하지만 '독립군이 되는 것이 좋은 일인가?' 하는 생각이 들 때는 기분이 씁쓸했다. 요즘 어느 누가 자식을 또는 남편을 독립군으로 보내는 것에 자부심을 갖고 긍지를 느낄까? 아무도 독립군으로 나서라 하지 않을 것이다. 우리나라의 현대사를 보면 나라를 위해 목숨을 바치는 것은 어리석은 짓에 불과할 뿐이니까. 그만큼 우리 사회는 민족을 위하는 일이라든가 또는 정의를 위하는 일에 나서는 것을 절대적으로 금하는 사회가 되었다. 나라의 안위나 공동체의 안위보다는 자신의 이익이 중요한 사회가 되었다. 남을 위해서 조금이라도 봉사하거나 희생하기는커녕 남의 희생을 자신의 이익으로 삼는 것이 더 똑똑한 사회가 되었다. 후에 큰 손실을 볼지라도 우선 내 눈에 보이는 조그만 이익을 챙기기에 혈안이 되는 사회가 되었다. 그럼에도 우리는 나라와 민족을 지키려는 독립군이 된 것을 자랑이라도 하듯이 의기양양하게 인천공항으로 향했다.

공항에서 임수현씨를 만났다. 나와는 한 차례 만났지만 다른 이들에겐 초면인지라 인사를 나누었다. 우리 일행은 원래 다섯 명이었다. 그러나 홀수가 되면 숙박할 방을 구함에 있어 비경제적이다. 그래서 추가로 한 명을 더 구하려 꽤 애썼다. 이번 여행이 예사롭지 않아 함께 할 수 있는 사람을 구하기가 쉽지 않겠다고 생각은 했다. 내가 속한 시민단체를 통해 전국적으로 수소문했지만 결국 구하지 못했다. 우연히 인터넷 방송인 국민티비에 소개되어 이른 아침에 인터뷰를 했는데 마침 이 방송을 들은 임수현씨가 바로 연락을 해왔다. 정말 함께 하고 싶다고. 그의 큰아버님도 조선의용대 소속 독립군이었다고 한다. 이렇게 해서 함께 하게 되었고 오늘 처음 대면한 것이다.

이번 여행이 예사롭지 않아 함께 할 수 있는 사람을 구하기가 쉽지 않겠다고 생각은 했다. 우연히 인터넷 방송인 국민티비에 소개되어 이른 아침에 인터뷰를 했는데 마침 이 방송을 들은 임수현씨가 바로 연락을 해왔다.
왼쪽부터 임수현, 임동순, 필자, 고병년, 윤일선, 전태일

자전거 여섯 대가 택시 한 대에 모두 들어가다

인천공항을 이륙한 비행기는 두 시간 후 뻬이징에 도착했다. 모노레일을 타고 입국수속을 받는 곳으로 갔다. 짐은 쉬저우까지 바로 가지 않고 우리가 다시 찾아 국내선으로 환승해야 했다. 큰 짐을 보내는 곳이 짐을 찾는 곳 가까이 있지 않아 4층까지 올라가야 했다. 그리곤 다시 3층으로 내려와 국내선으로 환승했다. 검색은 엄청 심했다. 자전거 윤활유도 재확인하고 클립이 장착된 자전거 신발은 벗어야 했다. 몸은 더듬 듯이 검색을 한다. 내가 다녀본 그 어느 나라보다 심했다. 역시 사람을 잘 믿지 못하는 그들의 속성이 보이는 것 같았다. 6시경 뻬이징을 다시 출발해 7시 반쯤 쉬저우에 도착했다.

쉬저우는 중일전쟁 당시 일본군에 의해 수많은 중국인이 학살당한 난징(南京)이 성도인 장쑤성(江蘇省)의 북서쪽에 있는 도시이다. 인구는 900만 명이 넘으며 남서쪽으로 평원을 이루고 있다. 춘추전국시대 때에는 팽성으로 불렸고 초나라의 항우는 이곳을 도읍으로 삼았다. 삼국지에 나오는 위나라의 조조는 쉬저우 인근에 있는 패현에서 출생했다. 중일전쟁이 한창일 때는 이곳 쉬저우에서 중국군과 일본군 사이에 큰 전투가 벌어졌고, 국민당과 공산당이 내전을 벌일 때

중국에서는 안 되는 일이 없다는 말이 실감났다. 그들은 자전거 두 대를 뒷좌석에 집어넣고 다시 두 대는 트렁크에 억지로 비벼 넣고 나머지 두 대는 열린 트렁크 문 위로 올려놓더니 끈으로 묶었다.
아래는 택시 한 대에서 내려 놓은 여섯 대의 자전거.

는 국민당 군대와 공산당 군대 사이에 큰 전투가 벌어졌던 곳이다. 중일전쟁 이후 이 지역을 일본군이 점령했고 강제로 징집된 한국인 병사들이 이곳에 많이 배치되었다. 이들 중 일부가 일본군을 탈출해 독립운동에 투신했으니 김준엽과 장준하 일행이 대표적인 경우이다.

쉬저우 공항에 도착하니 분위기가 너무 썰렁했다. 우리 짐이 크고 많은지라 버스에 실을 수는 없었다. 대기하고 있던 택시 운전사와 한 대 당 160위안에 가기로 하고 두 대를 불렀다. 문제는 보통 크기의 택시라 그 크고 많은 짐을 어떻게 실을 수 있는가였다. 한 대가 더 필요하지 않을까 생각했는데 중국에서는 안 되는 일이 없다는 말이 실감났다. 그들은 자전거 두 대를 뒷좌석에 집어넣고 다시 두 대는 트렁크에 억지로 비벼 넣고 나머지 두 대는 열린 트렁크 문 위로 올려놓더니 끈으로 묶었다. 그런데 갖고 있는 끈도 변변치 않은 것이라 매우 염려스러웠다. 그래도 그들은 문제없다고 하며 가다가 경찰을 만나면 벌금은 대신 내달라고 너스레를 떤다.

한 사람은 짐을 실은 택시에 아직 남아 있는 앞좌석에 타고 나머지 다섯 명은 다른 택시에 모두 끼어 탔다. 호텔까지는 꽤 멀었다. 처음에는 천천히 달리던 택시가 속도를 내는데 80킬로미터까지 낸다. 앞서 가던 짐을 실은 택시에서 짐이 흔들린다. 속이 바짝바짝 마른다. 만일 떨어져 자전거가 고장이라도 나면 우리의 계획은 완전히 틀어지기 때문이다. 속도 좀 줄이라고 외치지만 앞 택시에 연락할 방법이 없다. 함께 탄 우리는 중국어를 전혀 모르고 택시 기사는 영어를 전혀 모른다. 낌새를 눈치챘는지 운전사가 전화를 한다. 그러자 앞 차가 섰다. 흔들리는 짐을 다시 잘 묶은 다음 떠났는데 천천히 가는 것도 잠시 또 달린다. 호텔까지 오는 내내 가슴을 졸였다. 호텔에 도착하니 비로소 안도의 한숨이 나왔다.

호텔에 도착하자 운전사와 실랑이가 벌어졌다. 중국어를 모르는 우리는 "왜 또 저러지? 또 돈 더 달라는 것 아냐?" 했다. 그랬다. 그들은 짐을 택시 위에 싣고 왔기 때문에 흠집이 났을지 모른다며 돈을 더 달라했다. 대당 40위안을 더 달라는 것이다. 누가 위에다 올려달라고 했나? 처음과 끝에 요구하는 것이 다른 경우를 종종 보아 온 우리는 그럴 수 없다고 하며 실랑이가 벌어졌다. 독립군의 행적을 따라가는 우리는 독립군이 나라를 찾는 데 충실했듯이 나름 원칙에 충실했다. 받을 만큼 받고 줄 만큼 준다는 것이다.

호텔에 짐을 풀고 저녁을 먹으러 갔으나 시간이 늦어서인지 노점 식당만 있었다. 주인인 듯한 사람은 한족 답게 웃통을 벗고 담배를 피면서 주문을 받는다. 음식을 주문해 보니 역시 거의 기름진 음식이다. 전체 일정을 아무런 사고 없이 마칠 수 있기를 기원하며 고량주로 '위하여'를 외쳤다. 다섯 명 모두 애주가들이라 원칙을 정했다. '고량주는 500ml 기준 하루 한 병에 한한다.' 호텔로 돌아와 자전거 조립을 모두 마치니 새벽 한 시가 되었다. 모든 일정을 무사히 마칠 수 있게 기도하며 첫 밤을 보냈다.

아내에게 일본군 탈출 계획을 말하다

 장준하 선생은 1918년 8월 27일 평안북도 의주군 고성면 연하동의 독실한 개신교 집안에서 태어났다. 4남 1녀 중 둘째로 태어났으나 첫아들이 출생 후 얼마 되지 않아서 사망하여 사실상 장남이 되었다. 아버지가 1919년 3월 만세시위에 가담하여 사찰 대상이 되자 온 가족은 후에 수풍댐이 만들어지는 첩첩산중인 삭주군 청계동으로 피신하여 장준하는 거기서 유년시절을 보냈다.

 기독교 장로인 할아버지와 목사인 아버지 밑에 성장한 그는 대관보통학교를 졸업하고 평양에 있는 숭실중학교에 입학했다. 중학교 1학년 방학 때 고향에 돌아왔는데 일본 순사의 오만무례한 심문을 받은 후 일제에 대한 적개심을 갖게 되었다고 한다. 1934년 아버지가 선천읍에 있는 신성중학교 교목으로 부임하면서 신성중학교로 전학했다. 여기서 평생의 스승이며 동지인 함석헌을 만났다. 장준하가 선천에서 가까운 정주의 오산중학교로 함석헌을 만나러 간 것이다. 이 만남을 김삼웅은 《장준하평전》에서 "한국현대사에서 두 사람의 만남은 큰 축복이고 희망이 되었다."라고 기술했다. 1937년 수양동우회 사건으로 교장이 수감되자 장준하는 전 교생을 이끌고 그를 석방시키기 위해 동맹시위를 했다. 장준하는 주동자를 자처하여 처음으로 유치장에 수감되었다.

1938년 신안중학교를 졸업하고 집안이 어려웠던 그는 잠시 진학을 포기하고 정주에 있는 신안소학교 교사로 부임해 교편을 잡았다. 학교에는 선생도 별로 없었고 건물은 거의 다 쓰러져갔다. 그는 자신의 학생들을 포함해 교회 청년들과 함께 학교 건물 지을 터를 닦았다. 온갖 노력 끝에 교회의 장로들과 학부모들을 설득해 학교 건물을 새로 신축하였고 그 건물은 정주의 명물이 되었다. 한 소년 선생이 지역사회를 바꾼 것이다. 1941년 일본으로 건너가 동양대학 철학과에 입학했고 다음 해에 동경의 일본신학교로 전학했다. 여기서 그는 문익환·문동환 형제 등 뜻을 함께하는 여러 친구들을 사귀게 된다.

패망에 쫓기던 일본은 전시체제를 강화하면서 1943년 10

월에 '조선인 학도 육군특별지원병제'를 실시했다. 11월에 총독부는 학도병에 지원하지 않는 학생들을 강제로 징용하기로 하면서 전문학교와 대학의 학생들이 일본군에 강제로 끌려가게 되었는데 그 수가 4,385명에 달했다. 또한 1944년 징병제 실시로 한국인 청년은 20만여 명이나 일제의 총알받이로 끌려갔다.

이러한 분위기 속에서 장준하는 1943년 11월에 귀국했다. 아버지가 신사참배를 거부하여 신성중학교에서 쫓겨났고 요시찰 인물로 감시를 받고 있는 상황에서 학도병 지원을 기피하면 가족이 당할 불행은 뻔했다. 장남으로서 집안을 지키기 위해 그는 어쩔 수 없이 학도병을 지원했다. 그 전에 그는 초등학교 제자이며 독실한 천주교 집안인 신안소학교 시절 하숙했던 집 주인의 딸 김희숙(세례명 로사)과 1944년 1월 5일 결혼했다. 김희숙은 자칫 잘못하면 일본군 위안부나 공장으로 끌려갈지도 모르기 때문이었다. 2주일 뒤인 1월 20일 그는 평양에 있는 일본군 제42부대에 성경을 들고 입대했다.

장준하의 아내가 된 김희숙과는 다음과 같은 일화가 있다. 장준하는 그가 근무했던 신안소학교에서 교사로 있던 김희숙의 어머니를 만났고 그의 집 뒤채에서 하숙을 했다. 한때 장준하가 결핵을 앓고 있었는데 김희숙의 어머니는 새끼줄을 쳐 딸들의 접근을 막았다. 그러나 맏딸인 김희숙이 새끼줄을 넘어가 장준하의 발을 씻겨주었다고 한다. 장준하가 일본으로 유학 간 후에도 그들은 서로 편지를 주고받았다. 1943년대는 김희숙의 아버지가 망명하여 가세는 기울고 보성여고를 중퇴한 어린 소녀는 정신대 아니면 공장으로 끌려가야 했던 시기였다. 장준하는 그러한 김희숙을 안정시켜 놓고 일본군으로 들어가겠다는 결의를 한 것이다.

일본군 부대에서 장준하는 그 추운 겨울에 기마부대에 배속되어 말을 관리하는 일을 하다 엄지손가락에 동상이 걸렸다. 점점 악화되어 의무실을 찾았으나 마취제 없이 생살을 째야 했다. 미숙한 의무관은 그의 엄지손가락을 난자질했으나 그는 신음 한 번 내지 않고 참아냈다. 놀라운 표정을 짓는 의무관인 일본군 육군 중위를 보고 그는 일본과의 대결에서 이겼다는 자부심을 가졌다. 손가락에 붕대를 감고 아픔에 초췌해진 장준하를 보고 부대장은 그의 중국 파병을 보류하려 했으나 장준하는 꼭 보내달라고 부탁했다. 거의 다른 모든 한국인 학도병이 한국에 남기를 바랐으나 장준하는 어떻게 하든 중국으로 가려고 했다. 그 이유는 일본군을 탈출하여 충칭에 있는 임시정부로 가려는 그의 결심 때문이었다. 장준하는 면회 온 아내에게 말했다. 내가 주말마다 편지를 하는데 보낸 편지에 성경구절이 있으면 일본군을 탈출한 것으로 알아달라고…….

> 중국에 가면 꼭 매주 주말마다 편지를 하마. 만약 그 편지의 끝이 성경구절로 되어 있으면 그것이 마지막 받는 편지로 알아도 좋을 것이다. 당신이 그 성경 구절을 읽고 있을 땐 이미 나는 일군을 탈출하여 중국군 진영이나 또는 우리 임정의 어느 곳으로 들어가 있을 것이다.
> – 『돌베개』 25쪽

장준하는 1944년 1월 20일 중국 장쑤성 쉬저우의 보충대에 배속돼 3개월여 훈련을 받았다. 한국인 학도병 탈주 사건이 일어나자 장준하 일행은 한국인 학도병의 탈출이 전혀 없었던 츠카다(塚田) 부대로 전출되었다. 이 부대는 그 만큼 규율이 매우 엄격하고 학도병에 대한 회유와 협박이 심했던 곳이다.

쉬저우에서
한국광복군훈련반이 있던
린취안까지

추잡하고 비굴했던 한 조선인, 해방 후 육군참모총장 되다

6월 24일 날씨는 화창했다. 이른 아침에 갑자기 이봉원 회장이 한 말이 생각이 났다.

"츠카다 부대는 지금도 그대로 있는데 무슨 공병부대로 사용하고 있는 것 같던데……."

'그렇지. 쉬저우까지 왔는데 시간이 더 소요될지라도 장준하 선생이 탈출한 츠카다 부대가 있던 곳에는 가봐야지.' 하는 생각이 문득 들었다. 원래 계획은 호텔에서 바로 출발하는 것이었다. 어쩌면 하루나 반나절이 더 걸릴 수도 있어 일정에 차질을 줄 수도 있었다. 그러나 모두 나의 의견에 동의하여 이봉원 회장에게 츠카다 부대의 현 주소를 한자로 알려달라고 바로 문자를 보냈다. 혹시 몰라 전 선생의 스마트폰 전화번호도 함께 알려줬다. 혹시 문자를 늦게 보면 어쩌나 하고 기다렸으나 다행히도 바로 회신을 보내주었다.

현 공정병학원. 장준하 일행이 탈출한 과거 츠카다 부대가 있던 자리이다.
이번 순례의 첫 출발을 기록하는 단체사진을 찍으려고 했으나 정문에서는 못 찍게 하여 근처 부속건물에서 함께 사진을 찍었다. 공식적으로 우리의 순례는 장준하 일행이 탈출한 전 츠카다 부대인 이곳 공정병학원에서 시작했다.

그러나 내 휴대전화로는 한자가 모두 깨져 들어와 알 수가 없었다. 전 선생에게 문자 확인해 보라고 하니 '공정병학원(工程兵學院)'이라는 문자가 제대로 들어왔다고 한다.

"역시 스마트폰은 너—무 스마트(smart)해. 괜히 스마트란 이름을 붙였겠어!"

중국어를 할 줄 아는 전 선생이 호텔 프런트에 가서 물어보니 다행히도 아주 가까운 곳에 있다는 것이다. 오전 7시 호텔에서 제공하는 아침을 먹고 8시에 출발했다. 우리가 오늘 가야 할 반대 방향으로 한 5킬로미터 정도 가니 왼쪽에 〈공정병학원〉이란 큰 건물이 나타났다. 이번 순례의 첫 출발을 기록하는 단체사진을 찍으려고 했으나 정문에서는 못 찍게 하여 근처 부속건물에서 함께 사진을 찍었다. 공식적으로 우리의 순례는 장준하 일행이 탈출한 전 츠카다 부대인 이곳 공정병학원에서 시작했다.

츠카다 부대에 배치된 이후로 장준하를 가장 괴롭힌 것은 같은 한국인들의 추잡한 행동이었다. 배고픔을 이해 못 하는 바 아니지만 일본병들이 외식하고 돌아와서는 먹고 남은 것을 던져주는 그것을 받아먹으려고 혈안이 된 한국인, 특히 대학교육까지 받은 그들의 행동에 심한 모멸감을 느꼈다. 장준하는 일본놈들이 먹다 남긴 밥찌꺼기는 먹지 말자는 '잔반불식동맹'까지 만들었다. 그럼에도 일본병이 먹다 말고 던져준 밥그릇에 두 손을 집어넣어 밥을 움켜쥐고 먹는 한 한국인이 있었다. 그는 전에 함께 있던 부대에서도 탈주병 사고가 있자 같은 동료들 앞에서 "또 도망가는 놈은 내가 찔러 죽일 테야!" 하며 칼을 뽑아들고 호통을 쳤다고 한다. 그렇게 추잡하고 비굴하기 짝이 없는 그 한국인은 해방 후 육군 장교로 둔갑한 후 육군참모총장까지 올라갔다. 해방 후 대한민국 육군의 중추인물들이 이러한 인물들로 채워졌으니 육군이 그 정통성을 광복군의 산실인 신흥무관학교에 두지 않는 것은 자명하지 않겠는가?

장준하는 일본인들의 차별대우와 학대가 계속되자 지휘관들에 의한 한국인 차별대우와 학대를 견딜 수 없어 탈출하는 것처럼 꾸미며 기회를 엿보고 있었다. 그를 신뢰하던 한 일본군으로부터 가까운 중국군이 부대에서 120리 거리에 있다는 정보를 얻고 마침내 그는 아내에게 보내는 편지에 다음과 같은 로마서 9장 3절을 인용했다.

나는 혈육을 같이하는 내 동족을 위해서라면 나 자신이 저주를 받아 그리스도에게서 떨어져 나갈지라도 조금도 한이 없겠습니다.

중일전쟁 7주년 기념일인 1944년 7월 7일 오후 9시경 자축의 분위기 속에서 경비가 느슨한 틈을 이용해 장준하는 김영록, 윤경빈, 홍석훈과 함께 츠카다 부대의 높이가 3미터나 되는 철조망을 넘어 탈출했다. 이때의 긴박한 상황을 그는 다음과 같이 말하고 있다.

> 걱정했던 것보다 쉽사리 나는 철조망을 넘었다. 그러나 다른 동지들은? 나 혼자만이 성공이라면 이제부터는 이 광막한 황야에 나 혼자다. 실은 이날 낮까지도 같이 탈출하기로 약속했고 또 중국어에 상당히 능통한 백이란 친구가 변심하여 저녁 탈출을 포기하는 배신을 할세라 불안도 생길 만했다. 이런 생각이 채 끝나기도 전에 어디선가 '털썩' 하는 소리가 들렸다. 나는 쳐들었던 몸을 자라처럼 움츠려 몸을 깔고는 기다렸다.
>
> 아무 소리도 뒤따르지 않았다. 성공이구나, 그 누군지 … 됐다. 이젠 최소한도 두 사람이면 된다. 그러나 나머지 두 사람이 발각되면 우리의 추격이 곧 뒤따를 것이다. 뛰어라.
>
> 나는 고구마 밭고랑을 따라 동쪽으로 달렸다. 고구마 줄기가 뚝뚝 발끝에서 끊어지면서 고구마 밭을 날고 있었다. 옥수수 밭에 들어서서 비로소 방향을 한 번 더 확인했다. 느티나무 아래. 아아, 하나님, 거기엔 세 동지가 이미 모여 있었다.
>
> — 『돌베개』 36쪽

죽음보다도 견디기 힘든 굶주림

공정병학원을 출발해서 안후이성(安徽省) 화이베이(淮北)로 향하는 서남 방향으로 시내를 지났다. 차도는 넓고 옆에 붙어 있는 자전거 도로도 넓었다. 노면 상태는 양호한 편이었다. 자전거 도로에는 가끔 자동차도 들어왔지만 대부분이 전기 자전거와 오토바이 그리고 삼륜차들이다. 그러나 통행 방식은 제멋대로이다. 역주행이 법으로 인정받는 것 같은 느낌이다. 마주 오면서 서로 잘도 피해 다닌다. 그러자니 경적소리의 시끄러움은 귀를 멍하게 만든다.

장준하는 탈출한 후 운하를 건너 북극성을 찾아 동북 방향으로 갔으나 밤새 일본군 관할 구역 안에서 맴돌았다고 한다. 그들은 몸을 숨기기 위해 수수밭을 헤치고 갔으며, 7월의 뜨거운 태양 아래 마실 물조차도 없어 함께 한 홍석훈은 결국 탈진해 기절했다. 그들은 목이 말라 구덩이에 고인 물을 무조건 마셨으나 바로 오물이었음을 알고 토해낸다. 아직 여물지 않은 작은 새끼 수박을 참외로 알고 따서 마구 먹는 등 필사적으로 정신을 차려 일본군 관내를 벗어나려고 했다. 배고픔에 지쳐 옥수수 밭에서 잠이 들었으나 농부들에게 발견되었고 결국엔 배고픔을 참지 못하고 큰길로 나갔다. 들킬 수도 있다는 걱정도 배고픔 앞에서는 사라졌다. 밭에서 아침을 먹고 있는 농부들에게 다가가 밥을 얻어먹고 그들이 잘 먹는 음식인 쨈빙을 사서 갔다.

아니나 다를까. 총소리가 울렸다. 그들은 몸을 숨기기 위해 수수밭을 찾아 달리며 도망갔으나 강을 만나게 된다. 지나가던 배를 불러 탔으나 함께 탈출한 김영록이 보이지 않았다. 강은 건너갔으나 결국 추격대에 잡혔다. 그러나 천만다행히도 그 추격대는 장준하 일행이 가고자 했던 중국 중앙군 소속 유격대 사령부로 그들을 이송했다. 여기서 5개월 전 츠카다 부대를 먼저 탈출한 김준엽을 만났고 이어서 헤어진 김영록도 잡혀와 다시 만나게 된다.

김준엽은 평안도 강계 출신으로 그 역시 학도병으로 중국에 가면 일본군을 탈출하여 독립군에 가담할 수 있는 좋은 기회로 생각하고 있었다. 그는 1943년 11월에 학도병으로 지원하여 1944년 3월 29일 츠카다 부대를 탈출했다. 나침반 같은 탈출에 필요한 물품을 잘 준비한 그는 장준하 일행과는 달리 탈출 네 시간 만에 중앙군 유격대를 만나 함께 유격대 생활을 하며 사령관의 일본어 통역을 담당하고 있었다.

통역을 담당한 김준엽에게는 다음과 같은 기막힌 일화가 있다. 탈출한 학도병들이 이 유격대에 있을 것이라고 생각한 일본군은 자기들이 체포한 30여 명의 중국군 포로와 탈

이 강 줄기 어딘가에 장준하 일행이 애국가를 부른 그 부라오허 강이 있지 않을까 하는 생각이 들었다.

출병을 교환하자고 요구했다고 한다. 이 말을 사령관에게 통역하는 김준엽의 심정은 어떠했을까? 사령관의 결정 하나에 자신들의 목숨이 달린 것이다. 그러나 유격대의 한치륭 사령관은 자기 부대에는 일본군에서 탈출한 사람이 없다며 단호히 거절했다고 한다. 참으로 장준하 일행에게는 은인이 아닐 수 없다. 이 말을 들은 장준하는 '또 다시 못난 조상이 되지 않기 위하여'라는 이정표를 세우며 나라 잃은 설움을 딛고 나라를 찾기 위해 몸과 함께 바치겠다고 결심한다. 7월 12일 중국군 군복을 입은 그들은 부라오허(不老河) 강가에서 민요곡조인 애국가를 함께 부르며 나라 잃은 설움을 달랬다.

공정병학원에서 10여 킬로미터를 가자 도시 한복판에 폭이 한 40미터쯤 되는 강이 나타났다. 강 이름이 무엇인지 알 수는 없으나 이 강줄기 어딘가에 장준하 일행이 애국가를 부른 그 부라오허 강이 있지 않을까 하는 생각이 들었다. 도시가 얼마나 크고 사람도 많은지 시내를 관통하는데 많은 시간이 소비됐다. 공정병학원에서 한 25킬로미터쯤 갔을 때 사용하지 않는 낡은 철도가 보였다. 보아하니 장준하 일행이 유격대를 떠나 처음 만난 장애물인 진포선 철도 같았다.

우리를 지원하는 차량이 없어 우리는 자전거에 모든 감각을 의지하며 달렸다. 복잡한 도로를 마치 곡예운전 하듯이 시내를 빠져나가니 도로가 좀 한가해졌다. 마침 길가 노점상에 수박이 보였다. '수박' 하면 장준하 일행과 얽힌 일화가 많다. 탈출하면서 익지도 않은 새끼 수박을 참외로 알고 서리해서는 실컷 먹고, 중경으로 가는 도중 원두막마다 수박을 사 먹었다고 한다. 왜냐하면 수박을 먹으면 배부르지도 않고 배탈이 안 난다나. 장준하 일행이 매일 수박으로 살다시피 했듯이 우리도 매일 수박을 먹었다. 갈증엔 역시 수박이 최고였다.

달리는데 뒷바퀴에 이상이 있는 것 같아 멈추어 살펴보았다. 바람이 좀 빠져 있다. 아주 가느다란 펑크, 즉 실펑크다. 구멍이 너무 작아 아주 조금씩 새고 있는 것이다. 새 튜브로

장준하 일행이 매일 수박으로 살다시피 했듯이 우리도 매일 수박을 먹었다. 갈증엔 역시 수박이 최고였다.

바로 끼웠다. 그런데 타이어 안쪽을 살펴보는 것을 잊고 끼웠다. 아니다 다를까 시간이 좀 지나니 또 바람이 빠졌다. 바람이 조금씩 빠질 때는 타이어에 아주 작고 뾰족한 이물질이 끼어 있을 수 있으므로 반드시 타이어 안쪽을 세밀히 검사해야 한다. 뭔가 만져졌다. 그것을 빼고 다시 새 튜브로 바꾸어 끼웠다. 한참 갔는데 또 같은 증상이 나타났다. 연이어 세 번이나 펑크가 나다니. 튜브를 살펴보니 같은 장소에서 계속 펑크가 난다. 그 지점의 타이어를 세밀히 살펴보니 뭔가 있는데 뺄 수가 없었다. 외부에서 들어온 것이 아니라 타이어 자체 철심이 아주 조금 빠져 있었다. 그 철심을 밀어 넣을 수도 없고 그래서 튜브를 갈지 않고 그 지점에 펑크패치를 붙였더니 순례가 끝나는 날까지 다시는 펑크가 나지 않았다.

이제 생각을 바꾸었다. 보통 펑크가 나면 시간을 절약하기 위해 그 자리에서 새로운 튜브로 갈았었다. 그러나 펑크가 난 원인을 제대로 알지 못하고 타이어에 있는 매우 작은 이물질을 제거하지 못하면 같은 자리에서 또 펑크가 날 수 있다. 조금 더 시간이 걸리더라도 바람 빠진 튜브에 바람을 다시 가득 넣으면 물이 없어도 쉽게 구멍을 찾을 수 있다. 그 자리에 펑크패치를 붙이면 웬만한 실펑크는 예방할 수 있다. 왜냐하면 펑크패치는 튜브보다 훨씬 두껍기 때문이다.

숙박 보증금 떼먹은 변두리 여관

쉬저우 공정병학원을 출발해서 한 70여 킬로미터쯤 달려 화이베이 입구에 도달했다. 점심을 먹고 출발하려 하니 식당 주인이 함께 사진을 찍자고 했다. 그도 우리와 같이 자전거 복장을 한 외국인을, 그것도 한국인을 다시 만나기는 어려울 것이라 생각는가보다. 원래는 화이베이에서 하루 묵을 계획이었으나 너무 일찍 도착했고 다음 목적지인 궈양(渦陽)이 한 60여 킬로미터 남았다는 이정표를 보고 궈양까지 가기로 했다. 202번 도로를 타고 가다보니 한참 길을 포장하는 공사를 하고 있다. 대형트럭들이 괴성을 울리고 지나가며 먼지를 일으킨다.

곧 나타날 것 같았던 궈양은 5시가 되도록 나타나지 않았다. 지금까지 달린 거리는 벌써 110킬로미터임을 알린다. 먼 거리는 아니지만 비포장도로를 오래 달려 모두들 심신이 지쳐 있었다. 이정표는 다시 나타나지 않고 궈양이 얼마나 남았는지 확신도 서지 않았다. 더 가다가는 숙소도 구하지 못하고 화를 자초할 것 같았다. 결국 궈양까지 가지 못하고 우리가 가진 지도에도 없는 작은 마을인 임환(臨渙)에서 묵어야 했다. 이 작은 마을에 제대로 된 숙소가 있을까 찾아 다녔더니 아래층에는 슈퍼가 있고 이층에 객실이 있는 한 이층집이 눈이 띄었다. 마을이 작아 더 찾아볼 필요도 없을 것 같아 이곳에 묵기로 했다.

우리나라의 여인숙 같은 이곳은 예전에는 관리들이 묵었던 초대소로 사용되었다고 한다. 숙박비는 쌌으나 하나밖에 없는 화장실은 공동으로 사용해야 했다. 샤워는 물론 빨래도 해야 하는데 참으로 갑갑했다. 손수건 같은 작고 얇은 수건, 엄지손톱만한 비누 그리고 한 번 쓰면 없어지고 망가질

치약과 칫솔을 준다. 당연히 숙박비에 포함되었을 세면도구의 값을 다음 날 여관 주인은 보증금으로 받은 우리 돈을 돌려주지 않고 대신했다. 비록 많은 돈은 아니었지만 우리가 숙박할 때 보증금을 준 것이나, 당연히 숙박비에 포함되어 있는 세면도구를 따로 값을 치른 경우는 이곳이 처음이자 마지막이었다. 주행 첫날부터 좀 황당했다.

다음 날 숙소에서 제공하는 아침도 없고 해서 일찍 출발하기로 했다. 밖을 보니 비가 조금씩 내리고 있었다. 그러고 보니 어제 빤 옷도 완전히 마르지 않았다. 축축한 느낌을 온몸으로 받으며 출발 준비를 했다. 아직 여섯 시도 안 된 이른 시간임에도 아래층에 있는 가게 앞 노점상에서 먹을 것을 팔고 있었다. 각자 왕만두 두 개로 요기를 했다. 어제 다 가지 못한 거리를 오늘 더 가야 했기 때문에 이른 시각인 여섯 시에 출발했다. 어둠이 조금씩 걷히고 있었다. 비옷을 걸쳐 입고 도로로 나섰다.

도로는 포장하기 위해서 파헤쳤는데 구간별로 하는 것이 아니라 매우 긴 거리를 모두 다 함께 파헤쳤다. 어제는 공사 중인 도로를 달리는 트럭에서 만들어지는 먼지를 그대로 마시며 왔으나 오늘은 그나마 비가 오는 바람에 먼지는 날리지 않았다. 대신 비로 인해 생긴 물웅덩이를 피하며 질퍽거리는 비포장도로를 달려야 했다. 일반자전거와 달리 전문

빗속에 비포장 도로를 달리다 엉망이 된 얼굴

산악자전거에는 타이어 위를 덮는 물받이가 딸려있지 않고 선택사항이어서 앞과 뒷바퀴에서 튀는 흙탕물을 앞뒤로 모두 받아 얼굴과 옷이 엉망이 되었다.

40여 킬로미터 정도 더 가니 비로소 귀양 입구가 나타났다. 이때까지 숙소는 나타나지 않았다. 만일 어제 계속 갔더라면 이 먼 거리의 비포장도로를 달리느라 완전히 녹초가 되어 아주 밤늦게 숙소를 찾아 들어가야 했을 것이다. 계획과 달리 어제 5시에 그나마 주행을 멈춘 것은 참으로 잘한 결정이었다.

길가에 식당이 보인다. 큰 솥에 물이 부글부글 끓고 있어

허연 연기를 내뿜는다. 그 속에서 국수가 익고 있었다. 꼭 칼국수 같았다. 허기지고 추위를 느낀 우리는 볼 것도 없이 식당으로 들어갔다. 뜨거운 국물이 뱃속을 따뜻하게 해 주어 온몸이 나른해짐을 느꼈다. 개고기를 좋아하는 사람은 국수 위에 개고기를 담뿍 얹어 먹었다.

이 세상에 개고기를 식용으로 하는 나라는 한국과 중국 그리고 베트남뿐이라고 한다. 중국도 이제는 개와 고양이를 식용으로 금지하는 법안을 만든다고 하는데 우리나라는 개고기 먹는 게 무슨 자랑인 것처럼 여기는 사람이 많은 것 같다. 내가 개고기는 안 먹는다고 하면 이상한 눈초리로 보는 사람들이 많기 때문이다.

흔히 개고기를 보신용으로 먹는다고 한다. 그래서 이름도 보신탕이었다. 이름이 혐오스럽다고 해서 바뀐 것이 사철탕 또는 영양탕이다. 보신탕이든 사철탕이든 영양탕이든 식용으로 쓰는 개가 어떻게 먹고 자라는지 그 광경을 제대로 본다면 결코 개고기는 몸에 좋을 수 없다는 것을 알게 될 것이다. 더욱 심각한 것은 개를 잔인하게 그리고 비위생적으로 도축하는 것이다. 개는 가축으로 지정되지 않아 도축하는 자체가 모두 다 불법이다. 그럼에도 묵인되고 있다.

개고기를 먹든 안 먹든 한 편에서는 개고기 먹는 것이 우리 고유의 문화라 지켜야 한다고 너스레 떨지만 문화도 시대에 따라 달라질 수 있다. 우리나라의 호주제도 우리만의 독특한 문화였으나 이제는 사라졌고, 노예제도도 한때 미국의 문화였으나 역시 역사의 뒤안길로 사라졌다. 영국의 여우사냥 문화는 귀족의 고급문화였다. 그러나 없어졌다. 더욱이 개고기를 먹는 것은 결코 우리의 고유문화는 아니다. 오히려 개가 악귀를 물리친다는 벽화도 있고 동학이나 불교에서는 개고기 먹는 것을 금지하고 있다. 일제강점기 시절 조선의 이미지를 왜곡시키기 위해 일제가 우리의 전통 문화인 것처럼 알렸다는 말도 있으니 개고기를 먹는 것은 재고할 일이다.

아무튼 뜨거운 국물과 함께 먹는 국수는 아주 꿀맛이었다. 허기진 이유도 있었고 비가 와서 몸이 추워진 이유도 있지만 참 맛있게 먹었다. 특히 면발은 우리나라에서 흔히 먹는 것과 달리 쫄깃하고 맛있었다. 우리가 주로 먹는 면을 만드는 밀은 우리나라에서 나온 것이 아니라 거의 모두 미국에서 수입한 밀이다. 미국에서 밀을 수입하는 바람에 우리 밀은 완전히 초토화 됐다. 우리 밀을 키운다는 것은 전혀 경쟁력이 없어졌다. 여기에는 정부정책이 상당히 일조했다. 그러나 요즘 우리 밀의 생산이 늘어나고 있고 비록 우리 밀의 단가가 비싸지만 점점 많이 이용되는 것은 매우 바람직한 일이다.

국수가게 앞에 앙증맞은 전기자전거가 우산을 쓰고 세워져 있다. 예전 중국에 그렇게 많던 일반적인 자전거는 이제 잘 보이지 않는다. 대부분이 전기 자전거 아니면 전기 오토바이이다. 따라서 꽤 무겁다. 하지만 한 가족 나들이용으로는 아주 적합해 보인다. 가끔 한 가족 서너 명이 모두 한 차에 타고 가는 것을 본다. 이것이 가능한 이유는 이곳이 평지이기 때문이다. 충칭이나 장준하 일행이 군함을 타고 떠났

국수가게 앞 전기자전거용 양산 겸 우산. 태양이 강해서인지 대부분의 전기자전거는 양산 겸 우산을 쓰고 있다.

던 빠똥(巴東)같이 산이 많은 도시에서는 전기자전거조차 거의 눈에 띄지 않았다. 태양이 강해서인지 대부분의 전기자전거는 양산 겸 우산을 쓰고 있다. 일본에서도 비 올 때를 대비해 우산을 쓰고 자전거를 타는 사람이 많지만 우리나라에서는 거의 보기 힘들다. 지리적 위치가 비슷한 세 나라가 이렇게 완전히 다르다.

장준하에겐 중국군의 안내, 우리에겐 중국 여학생의 안내

길은 어제부터 지금까지 끊임없는 평지다. 길 주변은 모두 밭으로 되어 있고 논을 거의 볼 수 없다. 장준하 일행이 몸을 숨기는 데 좋았던 옥수수가 무척 많이 심어져 있다. 도로 양쪽으로는 플라타너스 나무가 빼곡히 서있다. 나무 사이사이로 가는 곳마다 군데군데 화학비료를 선전하는 화비(化肥)라는 입간판이 밭에 서 있다. 이 넓은 들판에 모두 화학비료를 사용하다니! 다른 선진국들은 유기농으로 전환하고 있는데 급속히 발전하고 있는 중국에서는 화학비료를 장려하고 있는 것이다. 그 넓고 넓은 땅에 모두 화학비료를 사용한다면 어떻게 될까? 당장 생산은 늘어나겠지만 훗날 토질이 나빠지고 주변 환경에 심각한 영향을 미칠 것은 생각

도시와 도시를 연결하는 도로에는 이와 같은 플라타너스 가로수 길이 끊임없이 이어져 있다.

못하는지…. 나로서 걱정되는 것은 그 많은 화학성분이 결국은 황해로 배출되어 중국의 연안 어업은 몰락이 가속화되고 이웃한 우리나라에도 심각한 영향을 미칠 수 있다는 것이다. 다른 선진 나라의 사례를 이미 모두 파악했을 텐데 그럼에도 중국 정부는 화학비료를 권장하고 있는 것이다.

갑자기 자전거 두 대가 이어서 펑크가 났다. 정비를 맡은 임 대표가 바퀴 하나를 능숙하게 빼서 튜브를 교체한다. 보통 이삼십 분 걸리는 것을 그는 5분 내에 수리를 했다. 역시

임 대표가 능숙하게 자전거를 수리하고 있다. 그는 동아리 회원과 함께 자전거 주행을 할 때 펑크가 나거나 하면 항상 나서서 수리를 해준다고 한다. 봉사정신이 아주 몸에 배어 있다.

〈자전거세상만들기〉 협동조합 대표답다. 그는 동아리 회원과 함께 자전거 주행을 할 때 펑크가 나거나 하면 항상 나서서 수리를 해준다고 한다. 봉사정신이 아주 몸에 배어 있다.

비는 어느덧 그쳤다. 장준하 일행도 귀양을 떠나 린취안(臨泉) 100리 전에 도착하자 사흘간이나 비가 내려 발이 묶였었다. 우리는 비가 개인 후 린취안에 도착했다. 오늘의 목적지는 예전 한국광복군훈련반이 있던 〈제일중학교〉이다. 물어물어 찾아가니 〈린취안제일중학교〉가 큰길가에 있어

〈린취안제일중학교〉가 큰길가에 있어서 의외로 쉽게 찾았다. 우리가 도착하자 주변에 있는 많은 사람들이 모여든다. 마치 장준하 일행을 보고 당시 한국광복군훈련반에 있던 많은 한국 청년들이 몰려오는 것처럼.

서 의외로 쉽게 찾았다. 우리가 도착하자 주변으로 많은 사람들이 모여든다. 마치 장준하 일행을 보고 당시 한국광복군훈련반에 있던 많은 한국 청년들이 몰려들었던 것처럼. 그들은 오랜만에 모국어로 환영을 해서 서로 뜻을 알 수 있었으나, 우리는 한국 사람들을 처음 본다며 말을 시키는 중국인들의 말을 전혀 알아들을 수가 없었다. 전해들은 바에 의하면 이곳 린취안에서 그들은 한국인을 처음 본다는 것이다. 세상에! 중국에서 한국인을 처음 보는 도시가 있다니! 그만큼 이곳은 관광 도시가 아니기 때문에 한국인이 올 일이 없는 곳이다. 린취안 외에도 산중에서 만난 많은 중국인들은 한국인을 처음 본다고 했다. 그럼에도 우리가 만난 대부분의 중국인은 우리가 한국에서 왔다고 하면 무척 반겼다. 티비를 통한 한류의 덕을 우리가 톡톡히 보고 있는 것이다. 우리는 마치 민간외교관이 된 것 같은 기분을 느꼈다.

츠카다 부대를 탈출한 장준하 일행은 중앙군 유격대에 편입하여 일본군 부대에 살포할 선전 전단을 만들며 유격대 사령부를 도왔다. 그러던 중 같은 중국인 공산당 군대인 팔로군의 습격으로 자신들의 목숨을 구해준 한치룡 사령관이 전사하자, 장준하 일행은 다시 충칭으로 떠났다. 7월 28일 저녁 김영록, 윤경빈, 홍석훈, 김준엽 그리고 장준하는 사령부에서 붙여준 안내자를 따라 유격대를 떠났다.

나흘을 걸은 후 도달한 곳이 바로 톈진(天津)과 포구(浦口)를 연결하는 진포선 철도였다. 일본군이 중국을 점령했다고는 하지만 실제적으로는 점과 선의 점령이라는 것처럼 도시와 철도 주변만 점령한 것이다. 어떻게 그 넓은 땅 모두를 점령할 수 있겠는가? 그래서 일본군들은 철도를 삼엄하게 지켰다. 장준하 일행은 일본군에 들키지 않고 철도를 건너가기 위해 사흘을 기다려 장이 서는 날 중국인 장꾼과 벙어리 행세를 하며 분산해서 철도를 넘었다. 안내자는 일행을 장쑤지구 유격대 총사령관 이명양 장군 휘하의 한 사령부에 인계했다.

유격대 총사령관 이명양 사령부에 도착한 장준하 일행은 사령관이 하는 태도를 보며 부대의 인상이 매우 안 좋음을 느꼈다. 아니나 다를까 다음날 10여 명의 무장병이 안내를 했는데 전날과 달리 안내를 맡은 무장병들은 죄수를 이송하듯 수시로 괴롭혔다. 그 사령관에 그 병사들이었다. 윗물이 썩었으니 아랫물이 안 썩을 리 있나? 닷새를 걸은 후 해주와 바오지(寶鷄)를 연결하는 용해선 철도를 앞두고 또 다른 사령부에 인계되었다.

여기서 다시 붙여준 한 청년의 안내로 야음을 틈타 밧줄을 이용해 철로 양옆에 놓여 있는 두 개의 깊은 구덩이를 무사히 건넸다. 고마움에 이름이라도 알고자 물었으나 청년은 '중국의 한 애국청년'으로 알아 달라며 이름도 알려주지 않고 떠났다. 다음 날 다시 대여섯 명의 무장군인의 안내를 받았으나 이들도 행패가 무척 심했다. 그러나 새로 도착한 유격대 사령부에서는 장준하 일행에게 숙소를 제공하고 하얀 군복을 맞추어 주었을 뿐 아니라 용돈까지도 주었다. 이러한 사령관의 특별 훈시를 들은 무장 호송병들을 따라 불편함 없이 사흘을 걸어 귀양에 도착하였다. 여기서 장준하 일행은 가까운 린취안에 한국 청년들이 많이 모여 있다는 말을 듣는다.

호텔을 찾으려고 하는데 주변에 있던 여학생 두 명이 안내를 자청한다. 고교 졸업반으로 대학에 들어가기 위해 우리나라의 수능에 해당되는 까오카오(高考)를 끝내고 대학에 지원하고 있는 예비 대학생들이다. 그들은 지나가는 삼륜차를 불러 세우더니 우리보고 따라오라고 한다. 10여분쯤 달려가니 그럴싸한 호텔이 나왔다. 여장을 풀고 나오는데 그때까지 여학생들이 집에 안 가고 식당까지 안내하겠다고 나섰다. 학생들은 무척 스스럼없이 말을 건다. 특히 같은 여자인 윤 원장에게 이것저것 물어본다. 그들의 친절이 고맙기도 해서 함께 저녁을 하자고 했다. 밤이 늦었는데도 함께 있는 것이 걱정돼서 물어보니 이미 집에 말해 놨다고 한다. 영어와 중국어를 섞어가며 이야기꽃을 피운다. 외국인들을 처음 본다며 무척 좋아하는 순박한 아이들한테 우리도 흠뻑 빠졌다. 두 명의 고등학생은 학교에서 배운 영어를 실전에 사용해보고 싶어서 우리를 따라나선 시골의 수줍음 많은 학생들이었다. 식사 자리에서 우리는 술을 마시게 되어 미성년자인 학생들과 동석하면 약간 곤란한 상황이 될 수도 있었는데, 술을 전혀 못하는 윤 원장이 있어서 학생들은 수박

안내해 준 여학생들과 함께 저녁을 했다. 중국인들은 참으로 남들 앞에서 스스럼없이 행동한다. 남들 앞에 서는 것을 전혀 두려워하지 않는 것 같다.

즙과 탄산 음료수를 마시면서도 즐거운 대화 시간을 가질 수 있었다.

 중국인들은 참으로 남들 앞에서 스스럼없이 행동한다. 남들 앞에 서는 것을 전혀 두려워하지 않는 것 같다. 공원에서 보면 여럿이 모여서 하기도 하지만 혼자서도 무용도 하고 무술 수련도 하고 팽이도 친다. 심지어 노래도 하고 악기 연주도 하고 주절주절 연설하기도 한다. 오늘도 두 여학생이 마치 기다렸다는 듯이 우리에게 다가왔다. 우리나라 사람들은 남을 무척 의식한다. 우리나라 중년의 남성에게 인기가 많은 색소폰은 소리가 매우 크다. 그래서인지 연습실이 없는 사람들은 별로 사람들이 왕래하지 않는 다리 밑에서 혼자 연습하곤 한다. 대체로 누가 옆에 있으면 쑥스러워 한다. 하고 싶어도 누군가 있으면 주뼛주뼛 망설인다. 시켜야 마지못해 한다. 나서다 매우 혼난 사례가 많은 우리의 현대사를 보면 이해가 가긴 한다. 나서지 않는 것이 나름 좋은 면도 있겠으나 중국인의 스스럼없이 나서는 면은 본받을 만하다.

 거리계를 살펴보니 오늘 달린 거리는 자그마치 170킬로미터였다. 그러니 아침 6시에 출발했음에도 도착한 시간은 오후 5시였다. 하루에 달리기에는 너무나 먼 거리였다. 그러나 일정에 맞추다 보니 어제 미처 완주하지 못한 거리마저 더해져 이렇게 먼 거리를 가야 했다.

린취안에서
난양까지

중국군 장교가 되다

　호텔에서 묵었건만 닭 울음소리에 일찍 잠을 깼다. 어렸을 적 자주 듣던 닭 울음소리를 오랜 도시 생활로 전혀 듣지 못하다가 들어서 그런지 닭이 울 때마다 시끄럽다는 생각보다는 뭔가 향수에 젖게 된다. 아침을 먹고 출발하기 위해 호텔 주차장으로 갔다. 어제는 해가 떨어진 다음에 호텔에 도착해서 잘 보지 못했는데 이제 보니 자전거가 아주 엉망이 되었다. 어제 공사 중인 비포장도로를 빗속에서 달렸기 때문이다. 주변을 살펴보니 가까이에 수도가 있어 출발을 잠시 미루고 세차부터 했다. 부탁하지도 않았는데 호텔 관계자가 고맙게도 호스를 갖다 주었다. 내 것 네 것 할 것 없이 함께 여섯 대의 자전거를 깨끗이 청소하고 기름칠도 다시 했다. 우리가 자전거를 점검하는 내내 호텔 종업원들이 모두 모여 웃어가면서 우리를 관찰하고 격려와 친밀함을 표시

해주었다. 출발 준비를 마치고 나니 출발이 너무 늦어졌다. 갈 길이 먼데 너무 늦게 도착할 것 같아 걱정이 앞섰다.

린취안에 도착한 장준하 일행은 중국군 중앙군관학교 린취안분교 간부훈련반 소속인 한국광복군 훈련반(이하 한광반)에 입소한다. 한광반은 일본군에 징병되어 중국으로 오는 조선 청년들의 수가 많아진다는 정보에 따라 이들의 탈출을 염두에 두고 장준하 일행이 도착하기 4개월 전에 설치되었다. 대한민국 임시정부와 광복군 총사령부의 명을 받은 김학규가 정식으로 린취안분교에 한국 청년들의 군사훈련을 요청하여 특별히 만들어졌다.

김학규는 1900년 생으로 평안남도 평원 출신이다. 그는 1919년 만주의 유하현에 있던 신흥무관학교를 졸업했다. 1928년에는 조선혁명군을 조직했고 1932년 조선혁명군 참모장으로 중국의용군과 연합하여 일본관동군을 무찔렀다. 일제가 만주를 본격적으로 침략하자 중국 대륙 안으로 이동하여 난징에서 한국대일전선통일동맹에 참가하였고 1935년 민족혁명당으로 통합된 후 중앙간부로 활동했다. 1939년 쓰촨성 지장에서 한국독립당을 만들었으며 다음해 한국광복군이 창설되자 총사령부 참모가 되었다. 그는 1940년 한국광복군 참모장으로 임명됐고 1943년 안후이성 푸양(阜

陽)에서 활동하면서 1944년 중국군 제10전구 사령관과 교섭하여 린취안에 한광반을 특별히 개설하고 탈출한 학병을 수용하여 광복군 간부훈련을 전개했다. 1945년에는 광복군 제2·3지대에 대한 한미합작특수훈련을 계획했다.

말이 훈련반이지 조선인 훈련반 학생들은 제대로 된 군사교육을 받지 못했다. 중국인 학생들은 직접 총을 쏘면서 사격훈련도 하지만 조선인들에게는 목총조차 제대로 공급되지 않았다. 정신교육도 오래 가지 못해 많은 시간을 할 일 없이 보내야 했다. 그러자 장준하 일행은 무료함을 달래기 위해 훈련반 학생들을 위한 인문학 강좌를 열었고 잡지《등불》을 발간했다. 김준엽, 윤재현과 함께 마분지 같은 거친 종이에 붓으로 써서 만든 필사본으로 2호까지 만들었다.

훈련반에서 제공되는 급식은 하루에 두 끼를 주는 등 충분하지 않았다. 게다가 취사를 맡은 사람들이 계속 성실하지 못하게 음식을 주자 불만이 생기게 되고 결국에는 장준하가 새로운 취사 책임자로 뽑혔다. 장준하가 아무리 성실하게 급식을 준비한다 해도 제공되는 그 양이 충분하지 못해 대원들은 늘 배를 곯았다. 고구마 철이 되자 장준하는 김준엽에게 고구마를 도둑질하러 가자고 제안했다. 김준엽은 "당신이 목사인데 그래도 괜찮냐?"고 물으니 "우리가 지금 나라를 구하자고 하는 것인데 이렇게 배고파 가지고 언제까지 목사나 하겠느냐? 우리 목적은 배불려서 왜놈하고 싸우려는 게 아니냐?"고 대답했다고 한다. 장준하는 독실한 기독교 신자로서 양심의 가책은 받았지만 동지들을 위해 20여 일이나 근처 고구마 밭에서 고구마를 몰래 훔쳐 동료들에게 간식으로 나누어 주었다.

　이러한 일화도 있다. 일본에서 대학 다니며 깡패 짓을 했던 두 명의 동지가 부대 밖으로 나가서 술만 마시고 들어오면 동지들을 괴롭혔다. 하루는 이들이 술집을 돌아다니며 일본도로 중국인들을 협박해 술을 강탈해 마시고 린취안 시내를 마구 돌아다녔다. 그것도 모자라 개들까지 죽이고 잡아와 밤중에 보신탕을 끓여 먹으라 했다고 한다. 이 사실이 중국 군당국에 알려져 그들이 영창에 갇히자 취사 책임자로 장준하는 갇힌 그들에게도 사식을 넣어주었다. 그러다 중국의 육군형무소로 그들을 이감한다는 말을 들었다. 그런데 당시에는 육군형무소에 들어가면 살아 나오기 어려웠다. 이 문제를 회의에 붙였으나 도와주려는 사람이 아무도 없자 장준하는 "우리가 무엇 때문에 왔느냐. 동족을 사랑하기 때문에, 동족을 위해 죽으려고 여기까지 왔는데, 여기서 우리 친구가 저렇게 허무하게 죽으면 이게 뭐냐? 이게 어찌 동족을 사랑한다 하겠느냐? 나도 이 사람들과 같이 형무소에 가겠다. 나도 같이 죽음의 감옥으로 가겠다."고 하며 정열을 다

해 동지들을 설득했다. 그 결과 모두가 책임질 테니 선처해 달라고 하며 중국 당국에 협조를 구해 두 사람은 풀려났다. 그렇게 살아난 그들은 해방 후 국군 장교로 큰 공적을 남겼다고 한다.

훈련반 졸업을 앞두고 학교의 요구로 중국인 학생들과는 달리 한광반은 연예행사를 하게 되었다. 장준하는 일본군을 탈출하는 반일 연극인 〈광명지로〉를 직접 연출해 큰 호응을 얻었다. 훈련반 과정은 원래 4개월이었으나 장준하 일행은 한 달 모자란 3개월간 교육을 받고 11월에 한광반을 졸업하여 공식적으로 중국군 육군 소위로 임관됐다. 중국군 장교가 된 덕에 중국에서 법적인 신분을 유지할 수 있었고 활동의 자유를 보장받을 수 있어 그들은 충칭까지 가는 길에 중국 인민과 중국군의 도움을 많이 받는다. 졸업을 하자 그들은 가던 길인 충칭 임시정부를 향해 다시 떠나려 했으나 김학규가 충칭의 임시정부 사정을 설명하며 적극 말렸다. 그럼에도 그들은 충칭으로 가고자 하는 의지를 굽히지 않았다. 결국 13명은 남고 나머지는 충칭을 향해 길을 떠나게 된다.

세상에 이런 일이! 핸들바가 부러지다니

 길은 어제처럼 일직선으로 곧게 나 있다. 굽지 않고 곧게 난 그 거리가 10킬로미터나 되었다. 도로는 청소한 듯이 말끔했다. 뒤따라오던 임 선생이 갑자기 나를 뒤에서 강하게 추돌했다. 잠깐 쉬자는 말에 내가 속도를 줄이자 그만 부딪친 것이다. 흔히 있는 사고다. 그는 꽤 아팠는지 배를 움켜쥔다. 나중에 보니 배가 일자로 심하게 멍이 들었다. 자전거도 함께 넘어졌지만 다행히 두 자전거에는 아무 이상이 없었다.

 그러나 잠시 쉬고 다시 주행을 시작했는데 갑자기 뒤에서 뭔 소리가 들리는 듯하더니 멈추라고 한다. 무슨 일인가 하고 멈추어 보니 임 선생 자전거의 핸들바가 두 토막이 났다. 평지에서 주행하고 있는 중 갑자기 뚝 부러졌다는 것이다. 사태를 파악해 보니 조금 전 부딪쳤을 때 임 선생이 넘어지면서 배를 핸들바에 강하게 부딪친 것이다. 그래서 시퍼렇게 배에 멍이 들었다. 하지만 그렇다고 핸들바가 부러지다니! 이건 있을 수 없는 일이다.

 난감했다. 그리고 화가 났다. 아니, 어떻게 그 중요한 핸들바를 이렇게 불량으로 만들 수가 있나? 그만한 충격에 핸들바가 부러지다니! 도무지 있을 수가 없는 일이었다. 일반

부러진 핸들바 사이에 관을 끼워 맞추고 갖고 있던 붕대로 임시 봉합했다. 앞으로 이삼 일 후면 산악지대를 접하게 되고 그러면 내리막을 달리게 되는데 그때 부러졌다면 어찌 됐을까? 우리는 핸들바가 지금 부러진 것이 차라리 다행이라고 오히려 축하했다.

적인 자전거도 핸들바가 부러졌다는 말을 들어본 적이 없다. 하물며 전문적인 산악자전거 핸들바가 부러지다니? 이것은 산악자전거를 타는 사람들에게는 최고의 뉴스거리가 될 수도 있다. 이 상태로는 갈 수가 없다. 그나마 평지이니까 한쪽만 잡고 버틸 수는 있다 해도 아직 주마뎬(駐馬店)까지는 상당히 먼 거리이다. 할 수 없이 불편한 상태로 가다보니 길가에 철물상 비슷한 것이 보여 거기에서 관을 얻어 끼웠다. 그것도 정확하게 맞지 않아 마침 갖고 있던 붕대로 둘둘 말아 임시처방을 했다.

 우리가 갖고 간 자전거 중 네 대는 국내의 같은 회사 제품으로 프레임은 모두 티타늄이다. 세 대는 거의 모든 부품이 다 티타늄제품이나 임 선생 자전거는 한 등급 아래로 핸들바와 스템 그리고 안장대 등이 알루미늄 제품이다. 그래도 그렇지 핸들바가 부러지다니!

 몇 년 전에 일본산 자전거의 프레임 이음새가 부러져 자전거를 타던 사람이 죽은 사건이 있었다. 그 당시 이 사건은 자전거 타는 사람들에게 엄청나게 큰 반향을 불러 일으켰다. 그 회사는 그에 대한 책임을 졌지만 결국 시장에 흔했던 그 회사 제품은 더 이상 보기 힘들어졌다. 핸들바가 부러진 것은 이 사건보다 결코 못하지 않다.

 핸들바가 부러진 것에 대한 분노도 잠시, 우리는 다시 생각했다. 어차피 이상이 있었던 그 핸들바가 평지를 달리던 이 시점에 부러진 것이 그나마 다행 아닌가? 만일 내리막에서 부러졌다면? 상상도 하기 싫었다. 앞으로 이삼 일 후면 산악지대를 접하게 되고 그러면 내리막을 달리게 되는데 그때 부러졌다면 어찌 됐을까? 화가 났던 것도 잠시, 우리는 핸들바가 지금 부러진 것이 차라리 다행이라고 오히려 축하했다.

길가에는 양쪽으로 집들을 많이 짓고 있었다. 그런데 하나같이 모두 붉은 벽돌집이었다. 그 모양도 직육면체로 획일적이었다. 처음부터 도착할 때까지 거의 모든 집 모양이 그랬다. 참 멋도 없고 지루했다.

오늘도 어제처럼 고개는 하나도 없고 끝도 없이 펼쳐진 평원을 달려 저녁 7시가 되어서야 마침내 허난성(河南省)의 주마뎬에 도착했다. 오늘의 주행거리는 약 150킬로미터로 적지 않은 거리였다. 임 선생은 자전거로 인해 심각한 표정을 짓고 있다. 하지만 너무 늦게 도착해 자전거를 수리할 수 있는 곳은 없었다. 다음 날을 기약하며 피곤한 몸을 뉘었다.

국적을 초월한 자전거 형제애

1944년 11월 30일 오후 1시 김학규와 함께 남아서 공작대 임무를 수행할 13명의 동지의 전송을 받으며 6명의 여성과

3명의 아이를 포함한 53명은 눈보라가 휘날리는 속에 충칭을 향해 린취안을 떠났다. 그들은 식량도 노잣돈도 부족한 상태로 겨울옷도 아닌 여름용 중국 군복을 입고 한파를 뚫고 걸어야 했다.

이들이 가는 길에 베이핑(北平)과 한커우(漢口)를 연결하는 남북으로 가로지른 평한선이 있었다. 일본군에 식량을 공급하는 작전상 가장 중요한 이 철도를 장준하 일행이 일본군의 눈을 피해 무사히 넘는 것은 쉬운 일이 아니었다. 그러나 하늘이 도왔는지 철도 못 미쳐 한 마을에 당도했을 때 다행히도 중국 정규군 1개 사단의 군인들이 마을에 모여 있었다. 이들은 일본군에 쫓기고 있는 중이었다. 중국군은 일본군과 암묵적인 타협을 하여 일본군의 묵인 아래 철도를 건너려 하는 것이었다. 물론 서로 간에 주고받는 것이 있으리라. 적군과의 타협이라! 후퇴하는 중에도 중국군은 사단장의 가족들과 처첩들을 가마에 태워서 가고 있었다고 한다. 이러한 정신상태이니 일본군에게 쫓기지 않을 수 있나. 이들 중국군에 섞여 장준하 일행은 평한선을 넘었다. 이때의 긴박한 상황을 다음과 같이 말하고 있다.

거의 직감으로 철도 근방에 이르렀다고 생각하자 갑자기 앞서 가던 부대가 별안간에 구보로 달리기 시작했다. 우리는 다소 놀라지 않을 수 없었다. 왜 이들이 별안간 뜀박질로 내달리는 것일까. 상황이 급박해진 것인가. 일군에게 발견된 것인가. 우리도 무의식 속에 구보를 시작했고 무슨 힘에 끌려가는 듯 뛰어갔다. – 중략 –

죽는지 사는지 모르고 앞사람의 뒤만을 따라 달렸다. 구보는 철도를 넘어서도 멎지를 아니했다. 숨이 턱밑에 걸려서 헐떡였지만, 그 뜀박질의 대열에서 혼자 미끄러지기는 싫었다. 아마 안전지대까지 내리 50여 리를 뛰는 듯싶었다.

– 『돌베개』 195쪽

다음 날 아침이 밝았다. 부러진 핸들바를 어떻게 해야 하는가를 두고 설왕설래했다. 일부는 먼저 떠나고 두 사람만 남아 교체한 후 따라가는 것이 시간을 절약하지 않을까 하는 생각도 있었다. 하지만 늦게 출발하더라도 함께 가자는 것으로 의견을 모았다. 호텔의 도움으로 자전거 가게가 좀 떨어진 곳에 있다는 것을 확인했다. 그러나 보통 가게 문은 9시가 넘어야 연다고 했다.

호텔에서 알려준 곳으로 찾아갔으나 자전거 가게는 나타나지 않았다. 가끔 자전거 타는 사람들이 보이는 것으로 보아 분명히 자전거 가게가 있을 것 같아 이리저리 찾았다. 주변 사람들에게 물어물어 헤매고 있는데 한 사람이 안내해 주겠다고 전기자전거를 타고 나섰다. 우리가 찾을 때는 안 보이던 자전거 가게가 골목 안에 있었다. 상호가 〈TRIACE〉

로 되어 있는 것을 보아 트라이에이스 자전거 대리점인 듯했다. 아주 젊은 사람이 막 문을 열고 가게 정리를 하고 있었다. 나중 알고보니 아르바이트 학생이었다.

그는 자전거 복장을 한 외국인들의 등장에 당황한 듯했고 바로 어디론가 전화를 하는데 연결이 안 되는 것 같았다. 가게 안을 살펴보니 거의 완제품 자전거만 파는 것 같았다. 전시된 부품이 별로 없고 우리가 찾고 있는 핸들바는 보이지 않았다. 마침 한구석에 쓰다 버린 듯한 핸들바가 하나 놓여 있어 자전거에 대 보았으나 핸들바와 자전거 차체를 연결해 주는 스템과 규격이 맞지 않았다. 게다가 스템은 아예 전시된 것이 없었다. 완성된 자전거에서 빼 달라고 할까 했으나 그만 두고 그 학생에게 근처 가게를 물어 보아 다른 가게로 가보자고 했다.

그때 마침 건장한 사람이 오토바이를 타고 들어오는데 가게 주인이었다. 오십대 후반인 그는 중국에서는 드물게 전문가용 자전거 가게를 운영하고 있었고 한국에 대해서도 관심이 많았다. 우리가 필요한 것이 무엇인지 알아들었는지 오토바이 의자 안에서 스템을 꺼낸다. 바로 그 구석에 있던 핸들바에 맞는 스템이었다. 우리는 반가움에 우리가 직접 핸들바를 해체하고 조립했다. 핸들바와 스템을 완전히 바꾸고 나니 비로소 안심이 되었다. 핸들바가 그나마 대도시를

가게를 배경으로 우리는 함께 사진을 찍었다. 우리는 국적을 초월하여 자전거를 좋아하는 사람들의 형제애를 느꼈다.

자전거 가게 주인(맨 오른쪽)은 우리가 아침을 먹는 동안 기다려 주고, 우리를 위해 왕복 10킬로미터를 달려 주었다.

앞두고 부러진 것이 천만다행이었다.

잠시 후 한 여자가 도착했는데 그는 주인의 친구로서 주마뎬의 한 대학의 교수라고 한다. 알아들을 수는 없지만 그들은 우리가 방문한 것이 매우 반가운 듯했다. 비록 쓰던 것이었지만 주인은 값을 받지 않았다. 우리는 국적을 초월하여 자전거를 좋아하는 사람들의 형제애를 느꼈다. 가게를 배경으로 우리는 함께 사진을 찍었다. 그들은 아마도 자랑삼아 이 사진을 벽에 걸어둘 것이다.

한숨을 돌리자 배가 고팠다. 우리가 묵었던 호텔에서는 아침이 제공되지 않았기 때문에 그때까지 우리는 굶고 있었다. 대리점 주인은 핸들바를 거저 준 것도 부족했다고 생각했는지 우리를 근처 만두집으로 안내했고 도시 출구까지도 안내해 주겠다고 자진해서 나섰다. 그도 자전거를 타고 함께 갔다. 그는 만두집에서 우리가 아침을 먹는 동안에도 곁에서 기다려 주고 난양으로 가는 333번 성도 입구까지 바래다 주었다. 길은 공사 중이라 우회해야 했기에 그의 도움이 없었다면 우리는 난양으로 나가는 도로를 찾는데 많은 시간을 허비했을 것이다. 그는 우리를 위해 5킬로미터나 와주었으니 왕복 10킬로미터를 달려준 것이다. 다시 한 번 그에게 고마움을 표한다.

결국 10시에 출발한 우리는 130킬로미터 떨어진 난양(南

외국인이 온 것이 신기했는지 호텔 여직원들이 함께 사진 찍기를 원했다. 단연 윤 원장이 인기 최고다.

陽)시 셔치(社旗)현 입구에 7시가 되어서야 도착했다. 이정표도 거의 없었다. 계속 평지만 보고 달리던 우리에게 비로소 작은 언덕이나마 나타나기 시작했고 염소 떼가 자주 나와 풀을 뜯고 있는 모습이 보였다. 거기서 시내까지가 또 한참이었다. 호텔 찾기가 어려워 마침 옆에 서 있던 오토바이 탄 남녀의 도움을 받았다. 그들은 우리를 호텔이 있는 곳까지 안내해 주었다. 호텔에 도착하니 8시였다. 호텔 프론트 데스크의 여직원은 한국 사람을 처음 보았다고 하면서 즐거워했고 여권을 내밀자 여권을 처음 보았다고 하면서 지배인을 불렀다. 지배인의 눈짓을 받은 여직원은 특별히 기록을 남기지 않고 투숙할 방의 키를 건네주었다. 저녁 식사 시간이 훨씬 지난 시간이어서 나가서 식사하기가 어려웠기에 호텔에 식사를 할 수 있는지 물었더니 호텔 식당 직원들이 퇴근도 하지 않고 우리를 위해 음식을 준비해 주었다. 식당은 근사했고 서빙을 해준 여자 종업원은 백두산에서 한국 관광객을 위해 일을 해본 경험이 있던 사람이었다. 매우 친절한 그녀가 추천한 음식을 주문해서 먹었는데 음식은 우리 입맛에 잘 맞았다. 다음 날 아침 프론트 데스크에는 교대근무로 나온 여직원이 있었는데 이들도 외국인을 본 경험이 없어 보였다. 외국인이 온 것이 신기했는지 이들 여직원들이 함께 사진 찍기를 원했다. 단연 윤 원장이 인기 최고다.

불편한 잠자리에 이가 득실득실, 옴이 옮아 엄청 고생

12월 1일 중국군과 헤어지고 일행은 4개 조로 나뉘어서 조별로 이동했다. 걸음이 빠른 조가 먼저 도착해 잠자리를 미리 마련하고 저녁 준비를 할 수 있게 한 것이다. 하루에 평균 40여 킬로미터(100리)를 걸었다. 중국군 군복을 입은 이들은 도착한 마을에서 잠자리를 구하는 것이 어렵지는 않았다고 한다.

하루는 길을 잘못 들어 산으로 들어갔고 그 산에 있던 성안으로 들어갔는데 그 성을 차지하고 있던 사람들은 마적이었다. 그들에게 모든 짐과 식량을 빼앗길 뻔했으나 구사일생으로 다음날 성문을 무사히 나올 수 있었다.

이들에게 힘든 것은 배고픔이겠지만 잠자리의 불편함도 이에 못지않았다. 형편없는 잠자리로 매일같이 이와의 전쟁을 벌였으며 많은 동지들이 옴에 걸려 엄청 고생이 심했다. 이들의 불편한 잠자리를 장준하는 다음과 같이 묘사했다.

> 겨우 바람막이의 울타리 역할을 하는 광 같은 방으로 분산되었다. 맨바닥에 나뭇가지를 꺾어다 놓고 하룻밤을 지내기로 하고 맨바닥에 그냥 드러누워 버리기도 하며 돼지, 소가 있는 헛간 한구석에서 잘 정도까지도 되었다. 등잔불 밑에서 우리는 전신에 가려운 몸을 뒤틀며 이 사냥을 벌였다. 어두컴컴한 등잔 밑에서나마 옴에 걸려 고생한 몇 동지들이 돼지기름에 유황을 끓인 그 고약한 냄새가 나는 약을 홀랑 벗고 전신에 문지르고 있는 광경은 진기하기만 했다.
>
> -『돌베개』211쪽

마침내 일행은 난양 교외에 있는 중앙군 전구사령부에 도착했다. 여기서 2주일을 머문 후 중국군 장교로서 보급품을 지원 받았다. 이들은 난양을 떠나 사흘 만인 12월 20일에 광복군의 전방 파견대가 있는 라오허커우(老河口)에 도착했다.

여정의 반을 마치다

 오늘은 출발 이후 처음으로 가장 마음이 편한 날이다. 오늘 주행거리가 50여 킬로미터 정도이기 때문이다. 날씨도 화창했다. 9시에 출발했음에도 난양에 도착하니 2시가 채 안 되었다. 난양까지는 10킬로미터가 넘는 곧고 넓은 길이 끝이 보이지 않을 정도로 뻗어 있었다. 난양에 들어서니 자전거 도로의 표준인 양 널찍한 자전거 도로가 완전히 한 차선을 차지하고 있다.

 난양은 인구가 천만 명을 웃도는 큰 도시이다. 장준하 일행은 난양 교외에 있는 중앙군 전구사령부에 도착하여 중국

널찍한 자전거 도로가 완전히 한 차선을 차지하고 있다.
자전거 도로가 이쯤은 돼야지…….

군 장교로서 보급품을 지원받았다. 이 사령부가 현재 〈남양경제무역학교(南陽經濟貿易學校)〉이다. 골목 안쪽에 있어 쉽게 찾기 어렵다는 말을 들었으나 큰길을 가다 보니 강을 건너기 전에 있었다. 그 당시에는 난양과 떨어진 곳이었겠으나 지금은 시내나 다름없이 보였다.

이제 600여 킬로미터를 왔으니 여정의 반은 완수한 셈이다. 가능하면 내일 갈 거리를 줄이기 위해 라오허커우 방향에 있는 시내 외곽의 호텔을 잡았다. 거의 매일 저녁 늦게 호텔에 도착해 충분히 쉴 시간이 없었던 우리에게 처음으로 반나절이나마 편히 쉴 수 있는 시간이 마련됐다. 거리를 산책하기도 하고 잠도 자면서 그동안의 피곤함을 풀었다.

장준하 일행이 중국군 장교로서 보급품을 지원받은 중국 중앙군 남양전구사령부. 현재는 〈남양경제무역학교〉이다.

난양에서 라오허커우까지

이념을 초월한 이종인역사박물관

 난양은 큰 도시답게 시내 곳곳에는 매우 높은 빌딩들이 숲을 이루고 있고 아파트도 많았다. 쉬저우를 출발해 지금까지 보아온 중국은 도시와 농촌 할 것 없이 거의 모든 지역이 개발되고 있었다. 땅은 파헤쳐졌고 건물은 하늘로 치솟고 결과적으로 모든 화장실은 수세식일 수밖에 없다.
 시골에서 간간이 보아온 그들의 화장실은 이루 말할 수 없을 정도로 지저분했지만 점차 재래식은 사라지고 대부분 수세식으로 바뀔 것이다. 그 많은 사람이 살 집이 모두 수세식으로 바뀐다면 화장실에서 사용하는 물의 양도 엄청나게 많을 것이다. 그 많은 물을 어디서 공급할까? 또한 화학비료의 공급으로 인분의 재활용은 축소되어 버려지는 그 많은 인분을 다시 정화하기 위해서 필요한 물과 화학물질을 생각하면, 비록 우리나라가 아니라 하더라도 엄청나게 큰 나라가 우리나라와 육지로 연결되고 바다를 공유하는 이웃임을 생각할 때 매우 걱정되는 일이다.

난양에서 라오허커우까지는 예상보다 그 거리가 훨씬 짧았다. 내가 받아 본 자료에 의하면 도중에 하루를 묵어야 할 정도로 먼 거리였으나 실제 거리는 120킬로미터 정도였다. 차이가 나는 이유를 생각해보니 내가 받은 자료는 보통 차를 이용하여 멀리 고속도로를 경유해 가는 거리로 산정한 것 같았다. 우리는 지도를 보며 가장 짧은 길을 택하여 갔더니 무려 50킬로미터나 줄었다.

6월 29일 오전 7시에 난양을 출발해서 오후 3시쯤 후베이(湖北)성 라오허커우에 도착했다. 우한(武漢)이 성도인 후베이성은 1911년 청나라를 무너뜨린 신해혁명이 일어난 곳으로 라오허커우에는 장준하 일행에게 큰 도움을 준 이종인(李宗仁)이 이끄는 중국군 제5전구사령부가 있었다. 또한 라오허커우는 조선의용대의 활동무대였고 조선의용대가 광복군과 통합한 후에는 광복군 제1지대 제1구대가 활동했던 곳이다.

우리가 방문하고자 하는 곳은 〈이종인역사박물관〉과 〈부민(福音)병원〉이었다. 부민병원은 수십 차례 연속적으로 이루어진 연극 공연으로 피로함이 누적돼 마지막 공연이 끝나고 쓰러진 장준하가 치료 받고 회복된 곳이다. 우리는 이 두

곳을 의외로 쉽게 찾았다. 우리가 가는 도로가에 있었기 때문이다. 이종인역사박물관은 북경로 288번지에 있고 부민병원은 이 박물관 근처 시위원회 건물 안에 있었다.

이종인 사령관은 국민당 정부의 중앙군 소속이었다. 그러나 국민당을 몰아낸 공산당 정부인 중국은 이념과 상관없이 중국의 독립을 위해 일제와 싸운 그를 기리는 박물관을 세웠다. 비록 2002년이라는 좀 늦은 시기였지만. 우리와 비교하자면 북한이 우익 성향의 독립군 군부지도자를 위한 박물관을 세운 것이나, 남한이 좌익 성향의 독립군 군부지도자에 대한 박물관을 세운 것에 비유할 수 있겠다. 북한은 잘 모르겠으나 의견을 자유롭게 표현할 수 있다는 대한민국에서 나는 그러한 박물관을 본 적이 없다. 오히려 일제강점기에 나라를 되찾겠다는 독립군의 뜻에 반하여 나라의 독립을 방해하고 일제를 찬양하며 지극정성으로 일제에 충성한 친일파를 위한 동상이나 건물 그리고 기념회는 전국에 산재해 있다.

박물관 건너편 호텔에서 묵었는데 바로 앞이 공원이었다. 대낮임에도 간간이 폭죽 터트리는 소리가 났다. '아니, 훤한 대낮에 웬 폭죽을 터트리나?' 나중에 공원으로 가보았더니 폭죽이 아니라 큰 팽이 돌리는 소리였다. 나이가 지긋한 남자 어른 서너 명이 각자 여기저기서 큰 팽이를 가죽 채찍으

이종인 사령관은 국민당 정부의 중앙군 소속이었으나 중국은 이념과 상관없이 중국의 독립을 위해 일제와 싸운 그를 기리는 박물관을 세웠다.

이종인역사박물관에 전시된 한민족과 연합했다는 사진

로 때리고 있는 소리였다. 한 번씩 팽이를 때릴 때마다 나는 그 소리가 마치 폭죽 터트리는 소리와 너무 닮았다.

 팽이 돌리는 것을 보니 어릴 때 기억이 난다. 우리가 돌렸던 그 팽이와 모습이 똑같았다. 단 그 크기가 열 배는 더했다. 그래서인지 팽이를 때리는 채찍도 그 만큼 컸다. 한 번 내려칠 때마다 힘이 들어가니 운동 삼아 팽이를 돌리는 것 같았다. 지금은 거의 사라졌지만 내가 어렸을 적에는 주로 추운 겨울에 얼음 위에서 팽이를 돌렸다. 그런데 중국은 지금도 사시사철 가리지 않고, 그것도 어른이 공원에서 운동을 겸해서 팽이를 돌리고 있다. 아무도 시끄럽다고 시비 거는 사람은 없는 것 같았다.

 저녁을 먹으려고 시내 쪽으로 걸어 나와 보니 시내는 정전이었다. 전기 사정이 좋지 않아서 그런 건지 전기 공사 때문에 그런 건지 알 수 없었다. 마땅한 음식점을 찾지 못하고 배회하다가 다른 호텔에서 식사를 하였다. 아마 가족 행사를 위해 호텔을 예약한 곳이었는데 우리 한 팀 정도를 따로 받아서 그들을 위해 준비한 음식을 나눠 서빙해주는 것 같았다. 아무튼 시장하기도 했고 음식도 맛있었다. 날이 어두워 호텔로 돌아오는 길에 공원을 보니 광장에서 스피커를 크게 틀어놓고 춤을 추고 있는 사람들로 인산인해였다. 수백 명은 되는 사람들이 지도하는 젊은 여자 강사들을 따라

열심히 춤을 추는데 별로 틀리는 사람도 없이 잘 맞춘다. 하루 이틀 해본 솜씨가 아니다. 더운 날씨임에도 중국의 공원은 우리가 잃어버린 사람 냄새가 나는 곳이었고 휴식의 공간이기도 하고 소통의 장인 곳으로 보였다.

반일(反日) 연극 공연으로 노자를 마련하다

난양을 떠난 지 사흘 만에 라오허커우에 도착한 장준하 일행은 이곳에서 25일간이나 머무르게 된다. 그들을 맞이한 광복군은 그들이 기대했던 광복군 파견대가 아니라 조선민족혁명당 관련 광복군 제1지대 분견대 세 명뿐이었다.

라오허커우에 도착한 첫날부터 사흘 내내 일본군 비행기가 시내를 폭격하여 몸을 피해야 했다. 충칭으로 갈 날만 기다리며 할 일 없이 시간만 보내고 있는데 광복군 분견대장은 충칭으로 가려는 장준하 일행을 도와주기는커녕 린취안 한광반의 김학규처럼 그들의 충칭 행을 만류했다. 그러나 이들의 설득에 흔들리지 않고 계속 충칭으로 가기로 결의했다. 문제는 50명이 넘는 사람들이 파촉령이라 불리는 높은 산을 넘어 충칭으로 가는데 필요한 노자와 식량이었다.

장준하 일행은 광복군에 대한 기대를 버리고 직접 중국군

이종인 부대와 접촉하려는 중에 이종인 부대에서 연락이 왔다. 이미 린취안 군관학교로부터 장준하 일행이 군관학교를 졸업할 때 반일의식을 심어주는 연극을 공연한 것을 들어 알고 있었기에 이들의 반일 연극 공연을 장제스의 '15만 학도 종군운동'을 지원하는 정훈공작에 이용하고자 했다. 장준하는 이 요청을 받아들여 시내 15개의 중·고등학교를 돌아다니며 순회공연을 했다. 공연은 대단히 환영 받았고 매우 성공적이었으며 여러 학교에서 성금을 많이 모아주었다. 비록 요청에 의해 공연을 했지만 이들의 연극공연은 한국독립운동을 중국인들에게 알리는 데 크게 기여했다.

학교를 돌아다니는 순회공연을 모두 마치자 이종인 부대에서는 시민을 위해 한 번 더 공연해 줄 것을 부탁했다. 할 수 없이 피로를 무릅쓰고 마지막으로 일반 시민을 대상으로 시민회관에서 공연했다. 공연은 여러 관객들을 울릴 정도로 성공리에 끝냈으나 연출을 담당한 장준하는 과로로 쓰러지고 말았다. 인력거를 타고 여러 곳의 병원을 찾아갔으나 모두 의사가 없거나 치료를 거부하는 바람에 스웨덴 사람이 경영하는 부민병원에 가서야 치료를 받고 다음날 깨어날 수 있었다.

연극 공연으로 충분히 노자를 확보한 이들은 생활필수품도 구입하고 수입은 공평히 나누었다. 광복군 분견대의 설

부민병원은 수십 차례 연속적으로 이루어진 연극 공연으로 피로함이 누적돼 마지막 공연이 끝나고 쓰러진 장준하가 치료 받고 회복된 곳이다.

득에도 불구하고 장준하 일행이 계속 충칭 행을 고집하자 처음엔 충칭 행 비행기를 알아봐 주겠다고 한 분건대는 비행기를 알아봐 주기는커녕 오히려 일행들을 분열시키려고 이간공작을 벌였다. 그 결과 연극 공연에 참가하지 않은 많은 동지들이 무료하게 지내다 이들의 공작에 말려들면서 불만이 터지기 시작했다.

시민들이 모아준 성금도 야금야금 써버려 줄어들자 김준엽을 대표로 이종인 사령부와 충칭으로 가는 문제를 협의했다. 그러자 사령부에서는 중국군 소위의 봉급을 기준으로 계산해 라오허커우에서 충칭까지 가는 경비에 사용하라고 50여 명분을 후하게 지급해 주었다. 공금 일부를 떼고 나머지를 전원에게 균일하게 공동으로 나누어 배분했다. 그러나 일부는 이 돈을 미리 다 써버려서 나중에 싱산에서 빠똥까지 그 엄청나게 높은 산을 또 걸어서 넘어야 했다. 돈을 아껴 쓴 사람들은 배를 타고 편히 갔는데…….

장준하 일행은 비행기를 타고 간다는 허황된 꿈을 버리고 충칭을 향해 다시 걷기로 했다. 이제 평지는 끝나고 제비도 날아서 넘지 못하고 말도 지나가지 못한다는 파촉령의 험한 준령이 그들 앞에 기다리고 있었다.

라오허커우에서
바오캉까지

억! 저 변소를 이용하라고!

지도에서 살펴본 바로는 이제 평지는 거의 끝났다. 이 말은 이제 지루함도 거의 끝났다는 뜻이다. 자전거 타는 사람들에게 끝도 없이 긴 평지는 인기 없다. 너무 지루하기 때문이다. 기어를 조정할 일도 별로 없고 속도도 고만고만하다. 지금까지 우리가 달린 속도는 시간 당 최저 15킬로미터에서 최고 30킬로미터 정도로 도로의 질에 따라 조금씩 달라졌을 뿐이다.

그러나 이제부터는 장준하 일행이 넘어간 높디높은 파촉령을 넘어가야 한다. 파촉령은 하도 높아 예전엔 넘어다니는 길도 없다가 중국의 국민당 정부가 일본군에 쫓겨 충칭으로 수도를 옮겨가면서 군사적 필요에 의해 만들었다고 한다. 이 길은 당시 전방과 후방을 연결하는 유일한 길이었다. 그들은 산을 걸어 올라갔지만 우리는 자전거를 타고 넘을 것이다.

장준하 일행이 추운 겨울 출발한 것과 달리 우리는 한참 더운 6월 30일 라오허커우를 떠났다. 호텔에서부터 35킬로미터까지는 평지가 계속 이어졌다. 본격적으로 산을 오르기 전에 산 입구에 있는 슈퍼 앞에서 잠시 숨을 고르고 마실 물을 준비하기 위해 멈추었다. 화장실을 물어보자 슈퍼 주인이 앞을 가리킨다. 슈퍼 바로 건너 길가에 지붕도 없고 문짝도 달아난 무엇이 있었다. 가까이 가보니 변소는 맞는데 변이 꼭대기까지 올라 찾고 구더기가 득실득실했다. 거기에서 큰일을 본다면 아마 구더기가 타고 올라올 것 같았다.

인간의 시작과 함께 생겼을 뒷간이 개선되지 않고 지금 21세기에도 저토록 지저분한 장소가 되었을까, 수천 년을 인간과 더불어 함께 한 뒷간을 인간이 생각만 제대로 했다면 수세식이 아니더라도 깨끗한 장소로 만들 수 있었을 것이다. 옛날에는 인분은 버리는 것이 아니었다. 퇴비로 다시 재활용하여 채소를 키웠다. 내가 어렸을 때만 해도 당시 농촌에서는 어른들이 마실을 다니다가도 일을 보고 싶으면 되돌아와서 자기 집 뒷간이나 밭에 일을 보고 갈 정도였다. 입으로 들어가는 것이나 밖으로 배출되는 것은 뗄래야 뗄 수 없는 관계인데 어찌 배출되는 곳은 이리도 지저분하게 해 놓았을까? 산으로 올라가면서 길가에 간간이 공동화장실이 보인다. 새로 짓는 화장실은 그나마 시멘트로 말끔하게 해놓긴 했다. 남녀가 사용하는 칸도 분리되었다. 그러나 물론 문짝은 없다.

끝없는 오르막! 그래도 내리막이 있잖아

오르기 시작하는데 끝이 없다. 한 고비 넘으면 또 한 고비 계속 오르막이 이어진다. 자전거를 탈 때마다 늘 생각하는 것이지만 오르막의 좋은 점은 내리막이 있다는 것이다. 그래서 언덕을 오를 때는 '좀 있으면 내리막이 나온다'는 확실한 희망을 갖고 오르기 때문에 기운을 낼 수 있다. 또한 내리막에서는 속도감을 즐기며 무아지경에 빠지게 된다. 그래서 자전거 타는 사람들은 대체로 평지보다는 언덕을 좋아한다. 자전거를 좀 탄다는 사람들은 언덕을 오를 때 힘에 부치면 쉬기는 할지언정 끌고 가지는 않는다. 차가 올라갈 수 있는 곳은 어디나 자전거도 올라간다. 타고 올라가도 지그재그 식으로 올라가지 않고 자동차처럼 똑바로 올라간다. 자전거를 좀 탄다는 사람들의 자존심이라 할까?

우리 인간에게도 이러한 확실한 희망이 있다면 얼마나 행복한 삶을 살 수 있을까? 비록 지금의 삶이 힘들어도 곧 찾

희망을 갖고 달린다. 오르막이 있으면 반드시 내리막이 있다.

아울 그 행복을 기다리며 꾸준히 노력하고 기다릴 것이다. 지금의 나의 삶은 힘들어도 자라나는 자식들이 잘 살 수 있다는 확실한 희망을 갖고 기다린다면 그 부모의 삶은 행복할 것이다. 그러나 날이 가면 갈수록 현실은 점점 그렇지 않은 것 같다. 내가 어렸을 적에는 공부만 잘하면 얼마든지 원하는 대학도 갈 수 있었고 좋은 직장도 구할 수 있었다. 즉 경제적으로 그리고 사회적으로 신분을 상승시킬 수 있었다. 그래서 부모들은 갖고 있는 논밭이나 소를 팔아서라도 자식들을 공부시켰다. 정말이지 개천에서 용이 날 수 있는 사회였다. 그 결과 우리나라는 한국전쟁이라는 참혹한 현실을 극복했을 뿐 아니라 많은 개발도상국이 부러워하는 지금의 나라가 되었다.

그러나 자본 위주의 신자유주의가 활개치면서 공동체 생활에서 가장 중요한 협동보다는 오직 상대를 누르고 올라가기 위한 경쟁이 주가 되면서 수단방법을 가리지 않고 이기려고만 했고 이웃을 돌보지 않게 되었다. 그 결과 한순간 잘못으로 뒤처지게 되거나 가정환경으로 인해 처음부터 뒤처져 있던 대다수는 아무리 노력해도 앞날의 성공을 내다보기 힘들게 되었다. 미래의 행복이 전혀 보이지 않는 삶을 살면

배낭 뒤에 자전거 여행의 목적을 알리는 표지를 달았다.

서 수많은 사람들이 고통을 받고 있다. 한 때는 희망을 가졌던 세대들도 이제는 사회가 경쟁 위주로 완전히 굳어져 자신의 노력만으로는 생활을 향상시킬 수 없는 지경에 이르렀으니 얼마나 답답한 세상인가. 교육마저 공익성을 우선하는 공교육보다는 부모의 능력에 따른 차별이 당연시 되는 사교육이 판을 치고 있으니 개천에서 용이 날 수 있는 사회는 먼 옛날의 일이 되고 말았다. 부모의 부와 지위가 대를 이어 가고 있으니 가진 것이 부족한 사람들에겐 너무도 살기 힘든 사회가 되었다.

펑크 날 일 없는 깨끗한 도로

도시에 있는 도로와는 달리 산에 놓여 있는 도로는 무척이나 깨끗했다. 라오허커우에서 빠똥까지 가는 모든 길의 도로가 정말 깨끗했다. 도로의 중심은 물론 도로가에 반드시 있는 자잘한 돌가루조차 보이지 않았다. 우리나라 같으면 굽은 길에서 내려 달리다가 길가에 모여 있는 자잘한 돌가루를 밟고 미끄러지기 십상이다.

한 번은 아들들과 함께 대전에서 호남으로 자전거 여행을 간 적이 있었다. 전라남도 땅끝마을에 가면 높은 언덕 위에 호텔이 하나 서 있다. 거기서 숙박하고 다음 날 해남으로 언덕을 내려가는데 나를 따라오던 아들들이 한참 지나도 오지 않더니 전화가 왔다. 막내가 내리막에서 넘어졌다는 것이다. 현장에 가보니 심하게 굽은 길의 가장자리에 있는 자잘한 돌가루를 밟아 미끄러져 길가에 차량의 이탈을 방지하기 위해 세워둔 보호막 아래 빈 공간으로 미끄러져 나가떨어져 있었다. 내가 왜 내려올 때 조심하란 말을 안 했는지, 왜 좀 천천히 내려오지 않았는지 지금도 후회가 된다.

중국의 도로가 깨끗한 데는 이유가 있었다. 매일같이 청소원들이 쓸기 때문이다. 그 길고 긴 모든 길을 구간별로 정

구간별로 도로를 매일같이 쓸고 있는 중국 청소원. 중국을 다니는 내내 매일같이 하루에도 여러 번 도로를 쓸고 있는 청소원들을 수도 없이 많이 봤다.

해 항상 비질을 하며 쓸고 있는 것이었다. 인구가 많아서일까? 물론 임금이 많지는 않겠지만 이것도 훌륭한 실업자 구제책이라 할 수 있다. 중국을 다니는 내내 매일같이 하루에도 여러 번 도로를 쓸고 있는 청소원들을 수도 없이 많이 봤다. 정말이지 펑크 날 일이 없다.

'고마우이! 성실한 중국 청소원 인민들이여!'

계곡이 끊임없이 이어지는데 그 아름다운 계곡 위로 고속도로 공사가 한창이다. 환경영향평가나 제대로 받았는지 모르겠다. 민주주의 국가임을 자처하는 우리나라도 객관성 없이 정책에 따라 환경영향평가가 달라지는 판이니 공산독재

아름다운 계곡 위로 다리를 높게 세우는 고속도로 공사가 한창이다.

국가인 중국에서 정부 시책에 대항하는 평가를 내릴 수 있겠는가? 한참 오르니 고속도로는 터널로 이어지고 더 이상 나타나지 않았다.

산길만 무려 80여 킬로미터를 달렸다. 오르내리기를 여러 번. 1500미터 정도 되는 정상을 넘으면서 내려갔다. 이어 평지가 나오더니 높은 굴뚝에서 검은 연기가 나오는 공장이 우리를 맞이해준다. 오늘의 목적지인 바오캉(保康)의 한 호텔에 오후 다섯 시쯤 도착했다. 그런데 이 호텔은 다른 곳과 달리 프런트 직원이 여권을 받을 생각은 안 하고 우리보고 직접 쓰라며 서류를 내민다. 자기가 할 일을 왜 우리한테 맡기는가 하는 생각이 들었지만 어쩌겠는가. 쓰라면 써야지. 하지만 나는 내 이름은 절대 한자로 적지 않는다. 외국에 가는 곳마다 그 나라 문자로 이름을 적으라고 하면 적을 수 있겠는가? 영어는 만국공용어이니 할 수 없지만서도.

호텔 주변을 살폈으나 괜찮은 식당을 찾기가 힘들었다. 지나가는 두 여자에게 물었더니 가던 길을 되돌아 친절하게 식당 앞까지 안내해 주고 자기들 갈 길을 간다. 그 길은 결코 걷기에 만만한 거리는 아니었다. 하지만 그들은 쾌히 우리를 그곳까지 안내해 주었다.

바오캉에서 빠똥까지

또 다시 못난 조상이 되지 않기 위하여

7월 1일이다. 갈 길이 멀어 일찍 호텔을 나섰다. 앞을 쳐다보니 굉장히 높은 산이 가로막고 있다. 우리가 넘어야 할 산이다. 저걸 어떻게 넘나 하는 걱정도 잠시. 길가에 식당이 보이기에 우리는 길에서 아침을 먹었다. 쌀국수도 있고 밀가루 덩어리인 꽃빵에 역시 밀가루로 만든 전(일명 부침개)도 있었다. 전은 꼭 우리나라의 전과 같았다. 그러나 그 흔한 밥이나 장준하 일행이 그렇게 좋아했던 두부탕은 없었다. 다행히도 뜨거운 물은 있어서 우리는 중국에서는 찾기 힘든 인스턴트커피를 타 마실 수 있었다.

라오허커우를 떠난 장준하 일행은 산속으로 들어갔다. 계곡을 지나고 절벽을 오르면서 파촉령을 넘었다. 엿새째 고원지대를 향해 오르고 있을 때 호랑이가 바로 앞에 나타났

우리가 오늘 넘어야 할 산이다.

쌀국수, 꽃빵, 전으로 아침을 먹다. 그 흔한 밥은 없다.

다가 가버렸다고 한다.

  겨울이라 고원에는 온통 눈이 쌓여 있었다. 하루는 한파 속에 눈길을 걷다 그 날 묵을 예정이었던 주막이 나오기도 전에 날이 저물기 시작했다. 몸 둘 곳 없는 고원에서 한밤을 무사히 보내는 것을 오직 신의 뜻에 맡겨야 할 정도로 사정이 심각했다. 그는 이 상황을 다음과 같이 말했다.

  어둠이 깔리기 전 우리는 나뭇가지를 꺾어다 움푹한 곳에 자리를 잡고 그 위에 솔가지를 깔고 쭈그리고 앉아보았다. 메마른 눈물이 괴었다간 얼어서 눈시울이 시렸다. 바람만, 그 매섭고 칼날 같은 바람만 아니라면, 그래도 체온과 체온을 맞대고 이 밤을 지새우련만…….

  아, 나의 조국이 주는 이 형벌의 죄목은 무엇인가? 밤하늘에 별떨기가 돋아나 우리를 보호해주는 것 같았다. 나의 조국이 주는 이 형벌의 대가는 무엇일까? 밤하늘에 가득한 감회가 바람에 불려가고, 우리는 어두운 허공에서 신의 목소리라도 구하려는 듯이 빈 하늘을 우러렀다. 그것은 기도의 자세였다. 구도자의 마지막 기원 같은 경건한 합장이 마음에 가다듬어졌다. 주여, 우리를 이곳에 버리시렵니까?, 우리의 할 일이, 이보다 더 어려움이 있어야겠기에 주시는 시련이십니까? 주여, 이 이상 인간의 힘으로 어떻게 더 참으란 말입니까. 나는 나의 흐느낌의 기도를 계속할 기력도 없었다. – 중략 –

  아! 조국 없는 설움이여. 우리의 조상이 못난 때문에 우리가 이 설원의 심야를 떨고 지새워야 하는가. 아니, 조금도 조상의 탓으로 돌릴 수는 없다. 돌린다는 것은 나의 비겁이다. 나의 조상은 또 조상을 가졌고, 그 조상은 또 못난 조상을 가졌다. 앞으로도 우리는 못난 조상이 되어야겠는가? 무수한 밤별이 울어주는 듯, 나의 눈에 들어오는 별빛은 어른거렸다. '또 다시 못난 조상이 되지 않기 위하여……' 입술을 깨물고 나는 폭발하려는 나의 가슴을 막아야만 했다.

- 『돌베개』 244~245쪽

파촉령은 고원지대라 그곳에도 사람들이 살아 일정 거리마다 주막이 있었다. 가까스로 동사를 면한 장준하 일행은 다음 날 주막을 찾았다. 추위와 배고픔에 떨었던 그들에게 부글부글 끓고 있는 두부탕은 그야말로 환희 그 자체였다. 두부탕을 계속 끓여 나오게 했지만 그 많은 사람이 다 먹기에는 부족했다.

여관집 식구들과 함께

바오캉에서 싱산(兴山)까지는 온통 산을 넘어가야 하므로 거리가 좀 짧다 해도 하루에 가기엔 너무 멀다. 가다가 중간 지점에서 숙박을 해야 했다. 그러나 지도상에 마을이 나타나지 않아 어디서 묵어야 할지 걱정하며 길을 나섰다. 장준하 일행처럼 묵을 곳을 찾지 못하면 우리도 산중에서 비박

해야 할 처지이다.

  산을 오르면서 다시 나타난 고속도로는 계곡을 따라 계속 나 있고 어떤 곳은 계곡 위 집 옆으로 고속도로가 나 있다. 고속도로가 완공되면 소음 때문에 저 집에 사는 사람은 얼마나 고달플까 하는 생각이 든다. 산은 왜 이리 높은지 뱀이 지나가듯 꼬불꼬불 산을 기어 올라간다. 정상이거니 하면 다시 옆으로 돌아서 옆 산으로 돌아간다. 1500미터 이상 되는 산을 올라가 보니 과연 고원이 나타났다. 산 정상에서 아리랑 고개처럼 오르내리기를 여러 번 반복하며 한참을 달려 정상에 도착했다. 그리고는 또다시 내리막을 하염없이 내려간다. 거의 35킬로미터를 계속 올라갔다가 다시 30여 킬로미터를 내려왔다.

  싱산으로 가는 갈림길에 한 조그만 마을이 나타났다. 오우디앤(欧店)이라는 곳이다. 주변이 온통 높은 산으로 둘러싸인 산골 중에 산골마을이다. 숙소로 들어가기에는 좀 이른 시간이었으나 이 마을을 지나면 묵을 장소가 없을 것 같았다. 마을로 들어가니 여관이 있었다. 일층엔 슈퍼가 있고 이층엔 살림집 그리고 삼층이 객실이다. 화장실의 변기는 수세식이지만 양변기가 아니고 쪼그리고 일을 봐야 하는 좌변기이다. 양변기가 없어서 그런지 화장실이 꽤 커 보였다.

  마을을 둘러봐도 볼 것이라고는 거의 없는 아주 조그만

그들은 티비에서나 본 한국인을 처음 보았다고 하며 배우 반가워했고 감수성 많은 중학생 딸은 우리도 모르는 한국의 가수와 배우들 몇몇을 말하면서 우리를 신기한 듯 바라보았다. 아마도 한류의 영향일 것이다.

마을이었지만 그래도 숙박할 곳이 있어서 다행이었다. 다음 날 안 사실이지만 만일 여기를 지나쳐 갔더라면 싱산까지는 숙박할 곳이 없어 장준하 일행이 겪은 고초를 우리도 그대로 겪을 뻔했다. 여기까지 오는 도중에는 대체로 모기가 없었지만 이곳에는 소리도 나지 않는 모기가 있어 모기의 습격을 받아 여기저기 물리기도 했다.

저녁 식사 후에 주인이 우리를 초대했다. 우리는 중학생 딸과 유치원에 다닐 정도의 아들을 둔 여관주인 부부가 어떻게 사는지 구경도 하고 함께 담소도 나눌 겸 초대에 응했다. 그들은 티비에서나 본 한국인을 처음 보았다고 하며 매우 반가워했고 감수성 많은 중학생 딸은 우리도 모르는 한국의 가수와 배우들 몇몇을 말하면서 우리를 신기한 듯 바라보았다. 아마도 한류의 영향일 것이다. 우리가 귀국하고 감사 편지를 보냈는데, 며칠 후 그 산골의 여관집 주인아주머니가 우리에게 이메일을 보내왔다. 전 선생이 번역한 내용은 다음과 같다.

친애하는 한국 친구들께, 안녕하세요! 나는 장연(여자 중학생)의 엄마입니다. 여러분이 누추한 곳에 찾아오셔서, 우리 집에 생기가 돌게 했고, 깊은 감동과 영광이었습니다. 여러분이 고생하는 정신을 보고 우리는 감동을 했습니다. 편지를 받고 나서 딸아이는 학교에서 과외공부를 하느라고, 나도 한동안 바빠서 답장을 바로 못했습니다. 용서하시기 바랍니다. 여러분들을 만나리라고는 생각도 못했습니다. 아마 연분인 듯합니다. 비록 서로 다른 나라에 살고 있지만 우린 한 지구에 살고 있습니다. 여러분들은 우리에게 친절하고 호의적이었습니다. 이걸 보면 거리감이 전혀 없습니다. 여러분을 친구로 맞이해서 매우 기쁩니다. 자주 연락할 수 있길 바랍니다.

페달 한 번 밟지 않고 30여 킬로미터를 내려가다

 7월 2일 아침 날씨는 화창했다. 5시 반경 모여서 함께 전날 준비해 놓았던 과일과 빵으로 가볍게 간식을 하고 6시에 출발했다. 집을 나서자마자 오르막이다. 끊임없이 올라간다. 중국 산길의 경사도는 우리나라보다 더 완만한 것 같았다. 급경사는 드문 대신 뱀처럼 꼬불꼬불한 길이 끝도 없이 이어진다. 올라가는 속도는 시속 5킬로미터 정도이다. 한 시간마다 쉬기를 반복했다. 한 30여 킬로미터 꾸준히 올라가니 고원지대가 나타났다. 1000미터 이상의 높은 산 위에는 집들이 듬성듬성 있다. 산 정상에서는 능선과 산 옆구리를 타며 20여 킬로미터나 갔다. 아리랑 고개 넘듯이 오르고 내림을 반복했다. 고원지대의 경사는 완만하고 집들이 곳곳에 서 있었다.

 산 위에서는 주로 고추, 담배, 옥수수, 토마토를 경작하고 있었다. 그 높은 고원에도 태양열을 받아 더운 물을 공급하는 태양열 온수기가 집집마다 달려 있다. 상표 이름도 태양우(太陽雨)다. 태양이 주는 비라는 뜻인가? 중국 정부는 태양열 에너지에 많은 신경을 쓰고 있는 것 같았다. 그래서인지 집집마다 더운 물은 잘 나왔다.

 비로소 내려갈 수 있는 정상이 나타났다. 그 다음부터가

환상적이다. 저 까마득한 아래에 움푹 파인 도시가 조그맣게 보이는데 거기가 오늘의 목적지 싱산이다. 내려 달리기 시작하는데 페달을 밟을 필요가 없었다. 오직 브레이크의 강약만 조절하면 되었다. 올라온 것처럼 꼬불꼬불 내려간다. 속도가 나자 온 신경이 곤두섰다. 한참을 내려가니 팔이 아플 지경이다. '이러다가 타이어가 파열되면 어떡하지?' 하는 걱정이 덜컥 들었다. 왜냐하면 타이어를 오래 써서 금도 많이 가고 불량했기 때문이다. 속도를 자연히 늦출 수밖에 없었다. 내려가는 길만 자그마치 30킬로미터나 되었다. 그 사이 단 한 번도 페달을 돌리지 않았다. 이러한 내리막은 내 생애 두 번 다시 경험하지 못할 것 같았다. 온 신경이 곤두서 무척 기분이 짜릿했다. 내려와서 보니 산 정상이 까마득히 멀리 보인다.

4시 쯤 싱산의 한 호텔에 도착했다. 시내에서 사방을 둘러봐도 높은 산 이외에는 보이지가 않는다. 완벽하게 사방이 높디높은 산으로 꽉 막혀 있다. 완전한 분지이다. 여기에 장강(長江)의 지류가 흐른다. 장준하 일행은 여기서 두 조로 나뉘어 빠똥으로 간다.

싱산은 중국의 양귀비, 서시, 초선과 함께 중국 4대 미녀 중의 한 사람인 왕소군의 고향이기도 하다. 기러기도 그녀의 미모에 정신이 나가 날갯짓을 잊어버릴 정도였다고 한

싱산을 흐르는 장강 지류. 장준하 일행은 여기서 두 조로 나뉘어 빠똥으로 간다.

다. 한나라의 궁녀였던 그녀가 흉노의 후궁으로 떠나게 되는 일화는 사람 사는 곳의 모순을 잘 보여주고 있다. 하지만 자본주의의 물결로 왕소군의 고향인 이곳도 관광지로 개발되고 있었고 왕소군의 이름을 빌린 상품들이 도로의 광고판을 가득 채우고 있었다.

일부는 배를 타고, 일부는 걸어서 빠똥으로 가다

7월 3일 아침 7시에 싱산을 출발했다. 장준하 일행의 행적을 따르면 우리는 여기서 자전거 주행을 마치고 버스를 타고 빠똥으로 갈 수도 있다. 하지만 여비가 떨어진 또 다른 일부는 산을 넘어 빠똥으로 걸어갔기에 그들을 생각해서 우리는 산을 넘기로 했다.

'참, 그들은 왜 돈을 그렇게 낭비해서 우리를 또 고생시키나!'

싱산과 빠똥 사이는 100여 킬로미터 되겠지만 산이 높고 하루 일정이 남아 원래 계획과 달리 중간에서 하루 더 묵기로 했다. 호텔에서 빠똥으로 가는 길은 처음에 강을 따라 간다. 이 강을 따라 장준하 일행은 배를 타고 갔을 것이다. 어제 그렇게도 많이 산을 내려오고도 아직 덜 내려왔는지 길은 계속 내리막이다. 어디까지 내려갈 건지 걱정되게 만든다. 주변의 산은 매우 높은데 내려간다는 것은 그만큼 올라갈 길이 더 높아진다는 뜻이기 때문이다.

강을 어느 정도 따라가니 다리를 건너라는 이정표가 나온다. 이제 우리는 강이 아닌 산으로 서서히 올라가기 시작한다. 곧이어 터널이 나왔다. 호텔을 출발한 지 17킬로미터 만에 전체 일정을 통해 본 단 하나뿐인 터널이다. 우리나라 같으면 곳곳에 터널이 뚫려 있으련만 이곳은 이런 첩첩산중에도 터널은 단 하나뿐이었다. 해발 고도를 보니 200미터 정도 된다. 이곳을 출발해 우리는 또 해발 고도 1800미터까지 올라갔다가 내려와야 한다.

자전거를 타고 올라간 길, 쉴지언정 누구도 자전거를 끌고 올라가지는 않는다.

 장준하 일행은 라오허커우를 떠난 지 9일 만에 빠똥으로 내려가는 내리막길에 들어섰고 그로부터 나흘 뒤 비로소 장강의 한 지류가 흐르는 평지에 도착했다. 그곳이 바로 싱산이다. 매일 삼사십여 킬로미터를 걸어 2주일이나 걸린 길고도 험한 여정이었다. 그들은 파촉령을 넘었다고는 하나 우리는 파촉령이 정확히 어디인지는 알 수 없었다. 오직 도로를 따라 고개를 넘었다. 인근 주민들에게 물어 보아도 파촉령은 잘 모르겠다고 말한다. 하지만 근처에 신농가산림구역

(神農架林區)이 있다고 한다. 중국의 아름다운 산림 12개 중의 하나인 신농가는 '예티'나 '빅풋' 같은 산사람으로도 유명한 대단한 관광지인데 제일 높은 봉우리가 해발 3100미터에 달한다고 한다. 우리가 묵었던 오우디엔의 여관집도 이곳을 찾는 관광객들 때문에 손님들이 있는 것 같았고 주인아저씨가 기왕에 왔으니 신농가에 반드시 들러보라는 강력한 권고도 있었다. 하지만 자전거로 그 높은 곳까지 다녀온다는 것은 일정상 불가능한 일이었다. 옛길과 지금의 길이 개발로 인해 많이 달라졌을 터이고 옛길의 흔적을 찾아보기는 어렵지만 아마도 장준하 일행은 이 지역을 넘지 않았을까 하는 생각이 들었다.

충칭으로 배를 타고 갈 수 있는 항구인 빠똥까지는 당시에 싱산에서 배를 타고 갈 수 있었다. 배를 타면 하루 거리요 걸어가면 이틀이나 걸린다 했다. 장준하를 포함한 일부는 배를 타고 갔으나 여비가 얼마 남지 않은 일부는 걸어가야 했다. 똑같이 여비를 나누어 가졌는데 누구는 많이 남아 있고 누구는 모자란 것이다. 1945년 1월 20일 장준하 일행은 배를 타고 가 한밤중에 빠똥에 도착했다. 여기서 그들은 사흘을 머물고 그들이 그렇게 갈망하던 대한민국 임시정부가 있는 충칭으로 떠났다.

물과 먹을 것이 모두 떨어지다

전과 달리 35킬로미터나 올라왔는데도 그 사이 상점이 하나도 없다. 아마 산중이라 마을이 많지 않아 그런 것 같다. 물은 떨어지고 아무런 먹을 것도 없다. 갈증을 느꼈으나 옆에 흐르는 계곡물을 마시지는 못하고 입안만 헹궜다. 배도 엄청 고팠다. 잘못하면 쓰러질 것 같았다.

35킬로미터나 올라왔는데도 그 사이 상점이 하나도 없다. 물은 떨어지고 아무런 먹을 것도 없다. 갈증을 느꼈으나 옆에 흐르는 계곡물을 마시지는 못하고 입안만 헹궜다. 배도 엄청 고팠다. 잘못하면 쓰러질 것 같았다.

예전에 이러한 일이 있었다. 산악자전거에 흠뻑 빠져 살던 몇 년 전에 대전의 계족산에서 거행된 산악자전거대회에 출전했다. 늘 다니던 곳이라 방심하고 아침도 부실하게 먹고 대회에 참가했다. 한참을 산을 타고 달렸는데 갑자기 속도가 나지 않는다. 뒤에 있던 사람들이 계속 나를 앞질러 갔다. 이상하다 했는데 갑자기 힘이 쫙 빠지는 것을 느꼈다. 너무 배가 고팠다. 도저히 자전거를 탈 수가 없었다. 길가에 자전거를 뉘어 놓고 앉아서 등산객이 내려오기를 기다렸다. 한 사람이 내려오자 체면 불구하고 먹을 것 좀 있으면 달라고 했다. 고맙게도 그는 감을 서너 개 꺼내 주었다. 정신없이 감을 모두 먹고 나니 비로소 힘이 생겼다. 그 덕에 다시 자전거를 타고 결승점까지 갈 수 있었다. 물론 기록은 형편없었지만. 그 이후로는 미리 먹을 것을 챙겨 먹고 간식을 갖고 다녔다. 그런데 오늘 또 그런 일이 벌어진 것이다.

근 40여 킬로미터 가까이 올라가니 비로소 정상이었다. 그러나 나는 힘이 모두 빠져 몸이 정상이 아니었다. 조금 내려가니 마침 길가에 있는 집에 사람들이 나와 있기에 쉬는 김에 물 좀 얻어먹을까 했더니 더운 물을 준다. 그들이 차를 마시려고 끓여놓은 물이다. 그나마 그것을 마시니 조금은 갈증이 가셨다.

10여 킬로미터를 더 내려 달리니 조그만 마을이 나왔다.

까오치아오(高橋)라는 곳이다. 일단 점심을 먹고는 이곳에서 숙박하기로 했다. 식당 주인이 알려주는 여관을 찾아가니 여긴 방만 있고 에어컨이 없다. 게다가 방에 딸린 화장실도 없었다. 그나마 화장실이라도 있었으면 그런대로 묵으려 했겠지만 이건 아니었다. 다시 알아보니 오던 곳을 조금만 되돌아가면 호텔이 있다고 한다. 되돌아 가보니 1층은 식당이고 2층과 3층은 객실인 허름한 호텔이 있었다. 문제는 전기가 안 들어왔다. 같은 마을인데 점심을 먹은 아랫동네는 전기가 들어오고 이곳 윗동네는 전기가 안 들어왔다. 일전에 내린 폭우에 나무가 쓰러져 전깃줄을 건드렸다고 한다. 그러나 저녁에는 들어올 거라고 했다.

전기가 들어오지 않아 어두컴컴한 화장실에서 몸을 씻고 나니 피곤함이 몰려온다. 대낮인데도 모기가 여기저기 있다. 대체로 지금까지는 모기가 없었는데 이곳의 모기도 소리를 내지 않고 무니 대책 없이 당한다. 이곳처럼 모기에 많이 물린 적이 없다. 잠을 설친 것은 물론이고 여기저기 간지럽다. 마을에는 개천이 흐르고 주위는 온통 논밭이다.

7월 4일 주행 마지막 날이다. 충칭에서 임시정부 청사까지 일부 시내 주행이 남아 있지만 얼마 안 될 것이고 이번 주행이 이번 순례의 마지막 긴 주행이다. 우선 안전을 기원했다. 지금까지 모두 안전하게 온 것에 감사하고 남은 50여

양쯔강 가에 있는 빠똥은 장강을 기준으로 양쪽으로 도시가 나뉘었다.

킬로미터 더욱 안전하게 도착할 수 있기를 기원했다.

어제 내려온 10여 킬로미터를 다시 오르내리기를 반복하며 올라갔다. 그 다음부터는 또 내리막이다. 장강이 멀리 보이기 시작했다. 한참을 내려와 강에 다다르니 다시 오른쪽으로 강을 마주하며 한참을 또 올라간다. 이것이 이번 자전거 순례의 마지막 오르막이다. 곧 집들이 나타나고 다시 내려가니 비로소 빠똥 시내가 나타났다.

우리는 자전거 주행으로는 최종 목적지인 장준하 일행이 군함을 탔던 항구로 향했다. 빠똥은 장강을 기준으로 양쪽으로 도시가 나뉘었다. 양쪽 모두 산세가 험했다. 그런 곳에

빠똥항에서 12일에 걸친 자전거 순례를 마쳤다. 우리의 여정도 쉽지는 않았지만 일편단심 조국의 광복을 위해 이 먼 거리를 추위 속에서 걸으며 산을 넘은 장준하 일행은 얼마나 고생했을까 생각하니 눈시울이 뜨거워진다.

도시를 세우고 높은 빌딩을 지었다. 도저히 자전거는 다닐 수 없는 그런 도시였다. 다리를 건너자마자 오른쪽에 항구가 있었는데 새롭게 공사 중이었다. 예전에도 이곳에서 출발했는지는 모르겠으나 현재 배가 드나드는 곳이라 이곳을 최종 목적지로 정했다.

지금까지 12일에 걸쳐 1100여 킬로미터를 달려왔다. 우리의 여정도 쉽지는 않았지만 일편단심 조국의 광복을 위해 이 먼 거리를 추위 속에서 걸으며 산을 넘은 장준하 일행은 얼마나 고생했을까 생각하니 눈시울이 뜨거워진다.

호텔에 도착하니 오전 11시이다. 입실할 수 있으려나 했더니 마침 청소를 마친 방들이 있어 가능하다고 한다. 호텔은 참으로 깨끗했다. 그런데 호텔 방이 프런트 위에 있는 것이 아니라 아래에 있다. 앞에서 보면 지하라는 말이다. 객실서 바라보니 바로 앞은 아파트이다. 주상복합형 아파트에 지하 2개 층을 호텔로 사용하고 있는 것이다. 원체 산의 경사가 심하니 이런 호텔이 가능하겠구나 하는 생각이 들었다.

빠똥에서 충칭까지

무슨 기차역에서도 공항처럼 검색하나

7월 5일 금요일이다. 밖에는 비가 내리고 있었다. 오늘 갈 곳은 빠똥역이다. 이곳이 빠똥이니까 빠똥역이면 근처에 있을거라고? 천만의 말씀이다. 이곳에서 자그마치 남쪽으로 100여 킬로미터 더 가야한다. 빠똥이라고 하는 현이 그만큼 넓은 것이다. 우리가 있는 곳은 우리나라의 읍 소재지로 보면 된다. 읍 소재지에서 군 경계까지 가는 것이다. 그래서 단지 이름만 보고 빠똥역에 왔다가는 역에서 빠똥 시내까지 다시 100여 킬로미터를 더 가야 된다.

장준하 일행이 걸어서 온 곳은 바로 이곳 빠똥까지였다. 이곳에서 사흘을 머문 후 5천톤급 군용선박을 타고 만현(萬縣)을 경유하여 8일 만에 충칭에 도착했다. 그래서 우리도 공식적으로는 빠똥에서 주행을 끝냈다. 장준하 일행처럼 장강을 타고 충칭으로 가고 싶었지만 지금은 그런 배가 더 이상 다니지 않는다. 유람선은 있지만 오래 걸리고 요금도 매우 비싸다. 그래서 빠똥에서 빠똥역까지는 차를 대절해서 갔고 충칭까지는 기차로 갔다.

아침나절엔 아무것도 하지 않고 오직 휴식을 취하면서 보냈다. 기차가 밤 12시 경에 출발하다 보니 일찍 갈 필요가 없었다. 그래서 점심을 여기서 먹은 후 천천히 출발하기로 했다. 부슬부슬 내리는 비를 맞으며 호텔 주변을 어슬렁대다 보니 신농가산림구역으로 가는 곳이라는 것을 알리는 한국어 광고가 눈에 띄었다. 따라가 보니 장강 가에 큰 호텔과 상가가 있다. 한국어 광고가 있는 것을 보아 장강 좀 더 하류에 있는 이창(宜昌)에서 출발한 배를 타고 와서 이 호텔에

우리가 타고 갈 승합차. 대우 차 다마스보다 약간 크다. 한 차에는 자전거를 모두 싣고 다른 차에는 우리가 모두 탔다.

서 하루 묵고 신농가산림구역으로 가는 한국 관광객이 많은 것 같았다.

빠똥에서 빠똥역이 있는 곳까지는 대중교통이 없었다. 버스가 있을 거라고 생각했는데 교통량이 많지 않아서 그런지 사설 합승만 영업을 하는 것 같았다. 두 시쯤 어제 예약한 차가 왔다. 길에서 자주 눈에 띈 아주 작은 승합차로 두 대가 왔다. 그래도 9인승이다. 대우 승합차 다마스를 닮았으나 조금 크다. 한 차에는 자전거를 모두 싣고 다른 차에는 우리가 모두 탔다. 그런데 가는 도중 우리에게는 아무런 양해도 구하지 않고 한 할머니를 더 태운다. 바구니에 뭔가를 잔뜩 담고 가는 이 할머니는 거의 옛날 우리 할머니들의 모습과 똑 같았다. 우리와 거의 2/3 정도는 같이 가다 아주 높은 곳에서 내렸다. 승합차가 도착하자 미리 알았는지 길가의 집에서 마중 나오는 모습이 아마도 딸네 집에 가는 것 같았다.

빠똥 시내에서 빠똥역까지 가는 길은 지금까지 우리가 보아온 그 어떤 길보다 더 경사가 심했다. 빠똥 시내에서부터 급경사를 올라간다. 거기다 비까지 왔다. 우리가 여기도 자전거로 넘자고 했으면 분명 중도에서 그만 두었을 것이다. 그 정도로 경사가 심했고 높았다. 빠똥까지 오고 보니 우리도 지쳤고 더 이상 자전거 타고 가는 것이 큰 의미가 없을

세계에서 가장 높은 곳에 있는 다리. 울창한 두 산 사이 깊은 계곡 위로 현수교가 가로질러 놓여 있다.

것으로 생각해 빠똥역까지 차로 가기로 결정한 것은 정말 잘 한 결정이었다.

할머니를 내려주고 한참 내려가 한 마을로 들어가더니 이번에는 자기 아내를 태우겠단다. 슈퍼에서 일하고 있는 아내를 데리고 퇴근할 시간이라나? 아무튼 비좁은 9인승 차에 8명이 계속 타고 온 셈이다. 저 멀리 산과 산을 연결하는 다리가 보였다. 운전기사가 설명하기를 세계에서 가장 높은 곳에 있는 다리라고 한다. 멀리서 보는 그 다리는 참으로 장관이었다. 울창한 두 산 사이 깊은 계곡 위로 현수교가 가로질러 놓여 있다. 그 길은 고속도로라고 한다.

다섯 시쯤 되어 빠똥역에 도착했다. 역 입구에는 우리나라 포장마차 수준의 음식점이 다닥다닥 붙어 있었다. 저녁을 먹기 위해 다시 근처 마을까지 나갔다 오기도 그렇고 해서 이곳에서 저녁을 먹으며 지루하게 무창에서 오는 밤 12시 기차를 기다렸다. 이 기차역은 3년 전에 개통했다고 하나 그렇게 깨끗해 보이지는 않았다.

기차역 입구에 공항에서나 봄직한 검색대가 있고 관리원도 서너 명이나 앉아 있다. 도대체 이 나라는 가는 곳마다 검색하는 것 같다. 자전거를 그대로 갖고 들어가려 했더니 안 된다고 가로막는다. 그러면서 입구에 한자로만 적혀 있는 안내판을 보여주더니 자전거를 가방에 넣으라고 한다. "가방을 안 갖고 왔으면 어쩔 뻔했지?" 그냥 끌고 가면 편할 자전거를 다시 분해해 가방에 넣어 자전거를 둘러매고 안으로 들어갔다. 마침 기차 칸과 칸 사이에 넓은 공간이 있어 자전거 6대를 넣으니 공간이 꽉 찼다. 우리가 들어간 곳은 이 기차에서 가장 좋은 4인실 침대칸이다. 다른 6인실 침대칸은 문이 없어 개방되어 있었으나 4인실에는 문이 있어 매우 쾌적했다. 기차표는 중국에 오기 전에 인터넷으로 이미 예매를 했다. 천 킬로미터가 넘는 먼 거리였음에도 가격은 1인당 5만원이 좀 안되었다. 기차는 예정보다 늦게 다음 날 아침 11시가 다 되어 충칭북(重庆北)역에 도착했다.

전혀 복원되지 않은 광복군사령부

쉬저우 츠카다 부대를 탈출한 지 5개월 24일 만인 1945년 1월 31일 오후 50여 명은 충칭 시내를 행진하며 그렇게 갈망하던 임시정부에 도착했다. 광복군 총사령관 지청천 장군과 김구 주석 등 임시정부의 각료들이 감회에 젖어 그들을 맞이했다. 지청천 장군은 구한말 한국 무관학교 재학 중에 정부에서 파견한 유학생으로 일본육군사관학교에서 유학했다. 그러나 졸업할 때 강제병합이 되자 중위로 진급한 후 탈출하여 이름을 이청천으로 바꾸어 독립군으로 활동했다.

나라 잃은 슬픔에 환영회는 통곡의 장이 되었다. 중한문화협회에서 열어준 환영회에서 연합군 기자와 인터뷰하면서 다수의 조선인이 쉬저우의 일본군 부대를 탈출해 육천 리를 걸어 충칭으로 와 항일 광복군이 된 사건이 국제적인 보도로 취급되었다. 그 결과 조선인이 스스로 일본인이 되길 바란다는 황당무계한 일제의 말과는 달리 일제가 조선을 강점하고 있다는 사실을 전 세계에 알려 임시정부에 큰 힘을 실어주었다.

장준하 일행과 같은 학병의 일본군 탈출에 조동걸은 다음과 같은 의미를 준다. 우선 일본군의 전력에 큰 타격을 주었

옛 광복군 사령부 건물. 일층엔 옷가게가 있고 이층부터는 완전히 폐허 상태로 남아 있다. 3년 전과 비해 조금도 변함이 없이 전혀 복원이 되지 않고 있다.

고, 다음은 한국독립운동의 활력소 구실을 톡톡히 하였다는 것이다. 그리고 장준하를 비롯한 학병들이 의지적이고 국제감각을 갖춘 인격자로 성장하는 경력이 되었다고 한다.

  기차에서 내리니 날씨는 매우 맑았다. 충칭 임시정부 청사 이선자 부관장이 교민신문 기자와 함께 기다리고 있었다. 예전에 한 번 본 적이 있어 그런지 얼굴이 낯설지 않았다. 우리도 장준하 일행처럼 도로를 행진해 가기로 했다. 대한민국 임시정부라는 표시를 한 차가 앞서 가며 길을 안내했다. 그러나 길이 자주 막혀 함께 가기가 힘들었다. 결국 우리가 앞서 가서 기다리다 차가 오면 다시 앞서 가기를 반복했다.

예전 광복군 사령부가 있던 미원식당이라는 곳으로 갔다. 식당은 이제 옷을 파는 가게로 바뀌었다. 그러나 이층부터는 3년 전에 들렀을 때와 똑같이 변함이 하나도 없었다. 복원도 전혀 되지 않고 건물은 거의 다 망가져 있었다. 다시 복원한다고는 하나 자료가 거의 없어 어렵다고 한다. 참으로 안타까운 일이다. 일제강점기에 임시정부의 공식적인 군대인 광복군 사령부를 제대로 복원할 수 없다니!

충칭북역에서 임시정부 청사까지는 12킬로미터 정도였다. 청사에 도착하니 오후 한 시였다. 이제 정말 끝났다. 아무도 다치지 않고 안전하게 장준하 선생을 추모하는 구국장정 6천리 순례를 마쳤다.

금강산도 식후경이라 했나? 하지만 우리에게는 장준하 일행이 중국 목욕탕에서 우선 몸을 씻고 저녁 환영회에 간 것처럼 점심보다는 샤워가 먼저였다. 부관장이 청사 근처에 있는 호텔을 미리 예약해 두어 우리는 여장을 풀고 샤워를 할 수 있었다. 그 호텔에서 함께 점심을 했는데 진수성찬이었다. 임시정부 요인들이 장준하 일행을 환영한 것처럼 임시정부 청사 부관장이 우리를 환영해 주었다. 우리가 오면

아무도 다치지 않고 안전하게 장준하 선생을 추모하는 구국장정 6천리 순례를 마치고 임시정부 청사 앞에 섰다.

서 먹었던 음식과는 모양과 질이 달랐다. 이런 데 사용할 공금도 없었을텐데……. 미안하면서 감사할 뿐이다.

당장 급한 것이 자전거를 다시 포장할 상자이다. 충칭이 원체 산에 건설된 도시라 언덕이 많아 자전거가 거의 없다. 다시 말하면 자전거 가게를 보기 힘들다는 뜻이다. 그래서 백화점으로 갔다. 물건을 담고 갈 수 있게 내놓은 상자들이 많이 있었다. 필요한 만큼 작은 상자들을 여러 개 갖고 왔다. 비행기를 이용해 자전거 여행을 할 때 항상 근처에 있는 자전거 가게에서 자전거를 포장한 상자를 얻어다 포장했는데, 자전거를 포장할 때는 굳이 자전거 상자처럼 큰 상자가 없어도 된다. 작은 상자를 접어 밑바닥을 깔고 주요 부분만 잘 포장하면 전체적으로 부피도 많이 줄어들고 안전하게 자전거를 포장할 수가 있다.

임시정부 청사에 마련된 김구 주석 흉상과 함께

장준하의 분노

충칭은 중국의 남서쪽에 위치한 도시로 제2차 세계대전 당시 중국의 임시 수도였다. 일본에 쫓긴 중국 국민당 정부는 중국해로부터 이천 킬로미터 이상 떨어진 이곳 내륙의 산악지대로 수도를 옮긴 것이다. 이에 따라 대한민국 임시정부도 상하이에서 피난 나와 충칭에 자리 잡았다. 육로가 높은 산으로 전부 막혀 진입할 수 없었던 이곳에 일본군은 공중 폭격을 하여 시가지를 거의 초토화시켰다. 전쟁이 끝난 후 수십 년간 복구하여 현재 인구는 3천만 명이 넘는 대도시가 되었다.

장준하 일행은 기대와 희망을 갖고 목숨을 담보로 그 먼 거리를 걸어서 오직 조국의 광복을 위해 광복군이 되겠다는 일념으로 충칭의 임시정부를 찾아갔다. 그러나 린취안에서 김학규 주임이 그들을 말리며 한 말과 라오허커우에서 광복군 분견대가 그들에게 충칭으로 가지 말라며 한 말들은 전혀 근거가 없는 말은 아니었다. 충칭에 살고 있는 많지도 않은 조선인에 비하면 파당이 너무도 많았다. 각 단체마다 정당마다 그들을 위한 환영회를 경쟁적으로 열었다. 처음에는 반가움에 기꺼이 그들의 환영식에 참석했으나 점차 실망하기 시작했다. 환영회는 형식적으로는 그들을 위해서 열었지만 대부분 자기 당을 선전하고 남의 당을 비방하면서 결국은 장준하 일행을 자기들 편으로 만들려고 했던 것이다. 그동안 너무도 많이 들었던 임시정부의 분열이 현실로 나타나자 그들은 신물이 났다. 장준하 일행은 앞으로의 모든 환영회를 무조건 거부하기로 결정했다. 그러자 그 후에는 각 당이 개별적으로 포섭하는 공작을 벌였다.

장준하는 실망이 분노로 변해 충칭에 온 지 2주일이 지난 어느날 교포들이 전부 모이는 회의에 참석하여 그동안 보고 느낀 임시정부의 분열에 대해 다음과 같이 폭탄선언을 했다.

우리는 요즈음 이곳을 하루빨리 떠나자고 말하고 있습니다. 나도 솔직히 말해 이곳을 떠나고 싶어졌습니다. - 중략 - 이곳을 떠나 다시 일본군에 들어가고 싶습니다. 이번에 일본군에 들어간다면 꼭 일본군 항공대에 지원하고 싶습니다. 일본군 항공대에 들어간다면 충칭 폭격을 자원하여 이 임정 청사에 폭탄을 던지고 싶습니다. - 중략 - 우리가 이곳을 찾아온 것은 조국을 위한 죽음의 길을 선택하러 온 것이지, 결코 여러분들의 이용물이 되고자 해서 이를 악물고 헤매어 온 것은 아닌 것을 말합니다.   -『돌베개』286쪽

임시정부의 정치상황에 실망을 하고 있던 중, 광복군 제2

1945년 8월, 산동성(山東省) 유현(維懸) 어느 사진관에서. 맨 오른쪽이 장준하

임시정부 청사에 있는 한국광복군 배치도

지대장 이범석 장군이 시안(西安)에서 미군과 합작하여 한반도 침투 작전을 위한 훈련을 계획 중이란 말을 듣고 장준하와 김준엽을 포함한 19명은 4월 29일 시안으로 갔다. 배웅을 나온 김구 주석은 4월 29일 이 날은 윤봉길을 사지로 보낸 날이라고 말하며 윤 의사와 바꾼 회중시계를 직접 그들에게 보여주었다고 한다.

이범석은 항저우 군관예비학교를 거쳐 신흥무관학교 교관으로 독립군 양성에 전력을 다한 인물이다. 1920년 10월에 청산리전투에 참가했으며 1923년 고려혁명군을 조직했다. 1934년 뤄양(洛陽)의 군관학교에 한국 독립군 양성을 위한 특별반이 설립되자 교육대장으로 이청천을 도왔다. 1940년 9월 한국광복군 참모장이 되었으며 1942년 4월 광복군 제2지대장에 임명됐다.

장준하 일행은 훈련반 제1기생으로 1945년 8월 20일 한반도에 침투할 예정으로 미국의 첩보부대인 미국전략정보국(Office of Strategic Service)에서 3개월 간 특수훈련을 받았다. 이들의 목적은 미국이 일본 본토로 쳐들어가기 전에 한반도로 먼저 들어가 국민군을 조직해 유격활동으로 게릴라전을 벌여 미군이 상륙할 때 일본군을 교란하는 것이다. 전국 팔도에 약간 명의 유격대를 비행기로 낙하 투입하는 이 작전은 목숨을 건 것이나 다름없다. 침투하면 거의 사살될 것이라고 생각한 이범석 장군은 종전 후를 걱정하여 장준하를 침투조에서 빼내려고 했다. 그러나 이를 미리 안 장준하는 다음과 같은 내용을 지닌 유서를 썼다.

> 내 영혼 저 노을처럼 번지리
> 겨레의 가슴마다 핏빛으로
> 내 영혼 영원히 헤엄치리
> 조국의 역사 속에 핏빛으로
>
> - 『돌베개』 323쪽

그는 머리를 깎고 물건을 정리하여 소포로 만들어 결국 이범석의 마음을 돌리게 했다. 장준하는 서울지구 침투 공작을 맡았다.

마침내 1945년 8월 14일 새벽 4시 한반도로 진입하기 위해 미군 수송기로 시안을 떠났다. 그러나 14일 아침 도쿄만에 진입하던 미국 항공모함이 일본 특공대의 습격을 받자 위험성이 큰 것으로 보아 진입을 포기하고 되돌아와야 했다. 그리고 다음날 8월 15일, 그렇게 기다리던 조국 땅에 침투도 하지 못하고 해방이 됐다. 대한민국 임시정부는 전승국으로 누릴 수 있던 마지막 기회를 놓친 것이다.

대한민국 국군에 의해 소외된 한국광복군

한국광복군은 1932년 이봉창과 윤봉길 두 의사의 쾌거로 조직되었다. 이 사건으로 국민당 장제스와 면담을 하게 된 김구는 한인 청년들을 군사간부로 양성시켜달라고 요청했다. 이에 장제스는 중국육군중앙군관학교 뤄양 분교에 한인 청년을 위한 특별반을 마련해 주었다. 1934년 이청천이 1기생을 맡아 훈련했다. 1937년 중일전쟁이 터지자 시안에서 한인 병력을 모집하기 시작했고 중국 정부와 교섭하여 1940년 9월 17일 임시정부의 국군인 한국광복군이 창설되었다.

국민당 정부는 재정지원 대상을 임시정부로 단독 지명하고 중국 내의 독립운동 단체들의 통합을 요구했다. 김원봉의 조선의용대 일부가 임시정부 주도의 좌우합작 항일전선에서 이탈하자 김원봉은 잔류파와 함께 광복군에 합류했다. 그 결과 광복군은 제1지대장에 김원봉, 제2지대장에 이범석 그리고 제3지대장에 김학규를 임명했다. 시안에는 한국청년훈련반을, 린취안에는 한국광복군훈련반을 두어 초급장교를 육성했다. 광복군은 인도·버마전에 파병되어 연합군과 합동작전에 참가했고 미국전략정보국과 협력하여 국내 진입을 시도했다.

일본이 패전한 후 미군정은 정치적인 이유로 임시정부를

인정하지 않았고 따라서 광복군에 대해서도 무장해제를 요구했다. 그 결과 1946년 6월 조국의 독립을 위해 싸운 한국광복군은 해체됐다. 대한민국 정부가 새롭게 건국되고도 대한민국 국군은 한국광복군을 소외시켰고 일제와 투쟁한 자랑스러운 한국광복군의 정통성을 계승하지 않았다.

대한민국 국군의 날은 광복군이 창설된 9월 17일이 아니고 한국전쟁 때 국군이 삼팔선을 넘어간 날로 지정되어 있다. 그뿐 아니다. 우리나라의 육군 장교를 양성하는 육군사관학교는 그 뿌리를 광복군을 탄생시킨 신흥무관학교에 두지 않고 미국이 세운 군사영어학교와 그것을 이은 조선경비사관학교에 두고 있다. 이렇게 된 이유는 국군이 창설된 그 시기에 국군의 요직은 일제와 투쟁한 광복군들이 거의 다 배제된 채 일제에 충성한 만주군관학교나 일본육군사관학교 출신 등 친일파가 모두 차지했기 때문이라고 할 수 있다.

그 결과 대한민국 정부나 북한의 관심을 받지 못한 한국광복군은 그 사령부조차 복원되지 못하고 있고 역사의 뒤안길에 놓여 있는 신세가 되었다.

현대 한국인의 딜레마

귀국, 마음이 복잡했다

 7월 9일 0시 조금 지난 비행기로 귀국길에 올랐다. 마음이 심히 복잡했다. 장준하와 박정희를 비교해 보았을 때 우리는 누구의 삶을 따라야 하는지. 장준하의 삶을 따라야 하는지, 아니면 박정희의 삶을 따라야 하는지. 우리는 아이들에게 어떻게 교육을 시킬 것인지. 장준하 같은 사람이 되어야 한다고 가르쳐야 하는지, 아니면 박정희 같은 사람이 되어야 한다고 가르쳐야 하는지 끊임없이 의문이 일었다. 왜냐하면 그 둘의 삶은 너무도 대조적이기 때문이다.

 광복군 장준하는 1945년 11월 23일 김구 선생과 함께 그렇게 바라던 고국으로 돌아왔다. 앞서 말했듯이 그는 일본군 부대를 탈출하면서부터 광복군으로 활동하고 해방이 되면서 김구 주석의 비서로 활동하는 등 조국의 독립을 되찾는 데 헌신한 독립운동가였다.

한국전쟁 피난 시절인 1952년 9월에 그는 독립운동을 하면서 조국의 광복을 열망하며 만든 잡지 《등불》과 《제단》의 정신을 이어 받아 부산에서 잡지 《사상》을 발간했다. 그러나 4호로 폐간되었다. 여기에는 다음과 같은 일화가 있다. 잡지의 후원자인 당시 문교부장관 백낙준을 이기붕의 정치적 라이벌로 보고 이기붕의 부인인 박마리아가 이승만에게 청탁하여 재정 지원이 끊겼다는 것이다. 폐간된 《사상》의 판권을 양도받지 못하자 장준하는 1953년 4월 월간지 《사상계》를 독자적으로 창간했다. 신파조의 글과 전향자의 글은 아무리 그 내용이 좋아도 싣지 않았으며 정실에 따른 편집을 하지 않았다.

이승만의 독재가 심해지자 함석헌은 〈생각하는 백성이라야 산다〉라는 글을 1958년 8월호에 실었다. 이 글로 《사상계》는 필화를 입게 되었으나 오히려 대중에게 더 인기를 끌었다. 정부의 탄압에 맞서 다음해 2월호는 언론사상 최초로 〈무엇을 말하랴〉라는 제목의 권두언을 백지 상태로 발간해 친일파를 등에 업고 독재를 일삼는 이승만 정권을 비판했다. 1960년 6월호는 10만 부를 발행하는 등 《사상계》는 최고의 잡지가 되었다. 장준하는 이승만이 집권한 12년 동안 그 누구보다 더 치열하게 독재정권과 싸웠다.

1961년 5월 16일 군사쿠데타로 정권을 찬탈한 쿠데타 세력에 의해 《사상계》는 1961년 7월호로 두 번째 필화사건을 맞는다. 1962년 장준하는 필리핀의 막사이사이상 언론학 부분의 수상자가 되었다. 박정희가 독재를 하자 서슬 퍼런 군사정부 아래에서도 장준하는 아랑곳 하지 않고 박정희를 비판했다. 1963년 7월호로 박정희 독재를 질타했으며 11월호에서는 공산주의 전력이 있는 박정희의 사상문제를 추적하여 비판했다. 군사정부의 정치적 목적으로 한일회담이 굴욕적으로 진행되자 회담의 저지를 위해 투쟁했다. 1966년에는 삼성에 의한 한국비료 밀수사건이 터지자 이와 관련된 박정희를 '밀수왕초'라 비판했고, 미국 대통령 존슨이 한국군의 베트남 추가 파병을 위해 왔을 때는 "존슨이 방한하는 것은 박정희 씨가 잘났다고 보러 오는 것이 아니라 한국 청년의 피가 더 필요해서 오는 것이다"라고 발언하여 구속되었다. 또한 1967년 대통령 선거에서 '이 나라 국민 모두 대통령을 할 수 있는 사람들이지만, 박정희는 왜왕에게 혈서로 충성을 맹세한 일본군 장교 출신이며 남로당 빨갱이 전력으로 대통령이 되어서는 안 된다.'고 역설했다.

박정희 정권은 자신에게 매우 비판적인 《사상계》를 직접 폐간시키는 대신 고사시켜 스스로 문을 닫게 하려고 반품작전을 폈다. 서점으로 하여금 책을 주문하게는 했지만 팔지 못하게 해 나중에 모두 반품을 시키도록 한 것이다. 《사상

《사상계》 시절, 1965년 서울 동대문(을)구 국회의원 선거에 옥중 출마하여 병보석 되어 출옥하는 장준하@장준하기념사업회

계》의 경영은 갈수록 악화되어 결국 1967년 176호를 끝으로 폐간되었다. 《사상계》를 창간한 1953년부터 1966년까지 장준하는 언론인으로서 민주화를 위한 민주언론운동가의 삶을 살았다.

1967년 대통령 선거와 국회의원 선거를 앞두고 장준하는 야권 대통합을 이끌어 내어 통합 야당인 신민당을 창당하는 데 힘을 썼다. 구속된 장준하는 옥중에서 1967년 국회의원 선거에 당선되었다. 그는 국방위원에 자원하여 나중에 박정희를 죽인 김재규와 알게 된다. 김재규는 장준하의 청렴한 의정활동에 크게 감동하여 장준하가 죽은 후 장남인 장호권을 통해 가족에게 도움을 주었다고 한다. 장준하는 베트남 파병을 반대했으며 1968년 베트남 파병으로 수많은 희생자가 나자 이에 대해 신랄하게 따졌다. 베트남 파병에는 다음과 같은 일화가 있다. 장준하는 국군의 베트남 파병을 반대했으나 국론으로 채택되자 고등학교를 졸업한 자신의 장남이 입대하자 베트남에 가게 했다. 남들은 자기 자식들을 군대도 보내려고 하지 않는 마당에 장준하는 자신의 아들을 자진해서 전쟁터로 내 보낸 것이다. 이런 정신이야말로 진정한 보수가 아닌가?

순전히 아버지의 뜻으로 베트남에 간 장호권은 그 소속이 해군이었다. 소속 부대는 배에 타고 있는 장호권을 부두에 내려놓고 사이공에 있는 주월사령부에 찾아가라고 했다고 한다. 아무런 서류나 여비도 주지 않은 채. 물어물어 나흘 만에 주월사령부에 도착했으나 해군이 왜 이곳에 왔는지 의아해 하는 주월사령부는 그를 다시 냐쨩(Nha Trang)으로 가라고 했는데 역시 아무런 교통편도 제공하지 않았다고 한다. 냐쨩은 장호권이 월남에 왔을 때 타고 온 군함이 들어올 항구였다. 그래도 영어를 좀 했던 장호권은 미군의 도움으로 냐짱에 가긴 갔으나 자신이 타고 온 배가 거기에 없어 결국은 근처에 있는 백마부대로 갔다고 한다. 십여 일 거기서 할 일 없이 머물다 공습을 받아 경미한 부상을 입고 붕따우에 있는 십자성부대로 이송되었다. 야전병원에 입원한 최초의 해군병사가 된 장호권은 어떠한 봉급도 받지 못하고 11개월을 베트남에서 표류하다 부상병이 되어 한국으로 후송되었다. 김포에 있는 통합부대에 입원하자 당시 국회의원이었던 아버지 장준하가 놀라 병문안을 왔지만 경미한 부상을 보고는 실망(?)한 표정으로 가 버렸다고 한다. 박정희의 눈엣가시였던 장준하의 장남을 베트남에서 실종시키고 싶었던 마음이 아니었다면 어떻게 이런 일이 일어날 수 있을까?

국회의원 선거에서 낙선한 장준하는 재야지도자가 되었고 1973년 12월에는 유신헌법에 대한 개헌 청원 100만인 서명운동을 주도하여 1974년 1월에 긴급조치 1호 위반으로 구속됐다. 그러나 병세가 심해져 12월에 형집행정지로 출감했다. 1975년 1월에는 박정희에게 장문의 공개서한을 보내며 박정희의 퇴진을 촉구했다. 2월에는 민주회복을 위한 개헌운동 주체의 단일화를 제창하고 3월에 윤보선 전 대통령, 김대중 전 대통령 후보, 김영삼 신민당 총재 그리고 양일동 통일당 총재의 4자회담을 주선했다. 그 결과 개헌세력의 단일화에 대한 합의를 이끌어냈고 신민당과 통일당이 원칙적으로 합당하기로 하였다.

  광복 30주년이 되는 1975년 광복절을 전후하여 유신정권에 큰 타격을 줄 중대한 거사를 계획한 장준하는 백범 김구 선생이 물려준 임시정부의 태극기를 이화여대에 기증하고 부인과 천주교 혼례의식을 거행했다. 또한 부모와 김구 그리고 이범석의 묘소를 참배하는 등 주변 신변정리를 했다. 그러나 정보기관이 그 거사 계획을 알았는지 장준하는 8월 17일 경기도 포천 약사봉에서 의문사를 당했다. 정부는 자세한 조사도 없이 벼랑에서 떨어진 실족사라고 주장했지만, 38년이 지난 2013년 3월에서야 비로소 민간보고서이긴 하나 타살임이 입증됐다. 장준하는 《사상계》가 폐간된 1967년부터 1975년 사망할 때까지는 그야말로 독재에 저항한 반독재민권운동가로 온몸을 다 바치다 군사독재정권 하에서 죽임을 당한 것이다.

  광복군 장준하가 죽으면서 남긴 것은 가난한 살림뿐이었다. 장남과 차남은 곤궁한 살림에 대학도 가지 못했다. 초상집에 온 손님들은 소주와 라면을 손수 사 가지고 와서 먹어야 했다. 타살을 주장하며 사인규명을 끈질기게 요구하는 장호권은 다음 해에 테러를 당해 3개월이나 병원에 입원해야 했고, 결국 출국하지 않을 수 없었다. 싱가포르에서 혼자 도피생활을 하다가 문민정부가 들어서서야 비로소 싱가포

르로 가족을 초빙할 수 있었다.

장준하와 박정희, 그 삶의 비교

장준하는 1918년 8월 평안북도에서 4남1녀 중 장남으로 태어난 반면 박정희는 1917년 11월 경상북도에서 5남2녀 중 막내로 태어났다. 둘의 나이 차이는 단지 한 살로 박정희가 9개월 먼저 태어났다. 장준하의 아버지는 목사로 항일정신이 뚜렷해 일본의 감시를 받았으나 박정희의 아버지는 조선조 후기 무반 출신으로 가난한 빈농이었다.

박정희는 1932년 구미보통학교를 졸업하고 같은 해 대구사범학교에 입학했고, 장준하는 1933년 대관보통학교를 졸업하고 평양 숭실중학교에 입학했으나 1934년 신성중학교로 전학 갔다. 1937년 장준하는 수양동우회 사건으로 수감된 교장 석방을 위한 동맹시위를 하여 처음으로 유치장 경험을 했다.

장준하는 1938년 정주의 신안소학교 교사로 부임했고, 1941년 일본 동양대학 철학과에 입학했으나 다음 해 도쿄의 일본신학교로 전학했다. 1943년 위안부로 끌려갈 위기에 놓인 제자와 결혼하고 아버지의 항일로 위기에 놓인 집안을 구하기 위해 학도병에 지원했다.

한편 박정희는 집안의 강권에 못 이겨 1935년 마음에도 없는 결혼을 하고, 1937년 문경보통학교 교사로 부임했다. 그러나 그는 군인이 되고 싶었다. 나이가 많아 입학이 허락되지 않자 만주군관학교 앞으로 일본 왕에 충성을 맹세하는 혈서로 쓴 편지를 보냈고, 이 편지가 만주의

박정희 혈서 사건을 소개하는 당시 만주일보 기사 @민족문제연구소

현지 신문에 소개되면서 1940년 만주군관학교에 입학할 수 있었다. 1942년 3월 만주군관학교를 수석으로 졸업하고 일본 육사로 편입해 1944년 4월 일본 육사를 3등으로 졸업했다.

박정희는 1944년 7월 육군 소위로 임관하면서 만주군 보병 제8단의 소대장을 한다. 이 시절 그는 팔로군 토벌 작전에 참가했다. 이후 보병8단 단장의 부관을 역임하면서 중위

로 진급한 그는 일본이 패전하자 북경에 있는 광복군에 들어가고 1946년 5월 천진을 출발해 부산으로 초라하게 귀국한다.

반면 장준하는 앞서 소개한 대로 1944년 7월 7일 일본군 부대를 탈출하여 린취안에서 한국광복군특별훈련반에 입소하여 중국 중앙군 장교가 된다. 어렵고 험한 여정을 이겨내고 마침내 1945년 1월 31일 중경 임시정부에 도착했으며 2월에 광복군 소위로 임관한다. 시안에서 한반도 진입을 위한 특수훈련을 받다가 아쉽게 침투조차 하지 못하고 해방을 맞는다. 그는 임시정부 요인들과 함께 귀국한다.

해방 후 박정희는 1946년 9월 조선경비사관학교 2기생으로 입학하고 12월 첫 부임지인 춘천 제8연대에 배치된다. 여기서 그는 남로당에 가입한다. 후일 그의 장교자력표에는 춘천 시절이 빠져있는데 이는 박정희가 나중에 집권하면서 자신의 군사재판에 관련된 모든 자료를 폐기하도록 지시했기 때문이라고 한다.

1948년 11월 박정희는 군 수사당국에 공산주의자로 체포된다. 그는 남로당 특수조직부에서 지명한 거물로 군내 좌익의 조직을 처음으로 자세히 제공했다. 그러자 친일파들과 만주군관학교 선배들의 구명 노력으로 그는 무기징역을 선고 받았고 재심에서 형집행정지로 풀려났다. 같은 만주군관학교 출신이며 간도특설대에 있었던 백선엽의 배려로 육군본부 정보국에서 문관으로 근무하다 한국전쟁이 나자 1950년 6월에 현역으로 복귀했다. 12월엔 육영수와 재혼했다.

한편 장준하는 해방 정국에서 김구 주석의 비서로 활동했고 이범석의 조선민족청년당에 잠시 참여했다. 1949년에 한국신학대학에 편입해 같은 해에 졸업했다. 1953년 4월에 잡지 《사상계》를 창간했고 자유당 정권을 줄곧 비판했다.

1961년 장면 정권에서 장준하가 국토건설본부 기획부장을 하고 있을 때 그해 5월 16일 박정희는 군사쿠데타를 일으켜 정권을 탈취했다. 1963년 박정희는 민간에게 권력을 이양한다는 약속을 지키지 않고 자신이 대통령이 되었다. 1969년에는 3선 개헌을 하더니 1972년 10월에 유신체제를 선포하여 종신대통령이 되었다. 1974년 민청학련과 인민혁명당 사건을 조작하여 무고한 젊은이들을 사형시키고 1975년 5월에는 긴급조치 9호를 선포하기에 이르렀다.

이에 대응해 장준하는 《사상계》를 통해 박정희 정권을 비판했으며 한일협정을 반대했다. 1966년에는 〈특정재벌 밀수진상 폭로 및 규탄대회〉 연설로 구속됐으나 다음해 6월 신민당 국회의원으로 옥중 당선되었다. 1973년 12월에는 〈민주회복을 위한 개헌청원 백만인 서명운동〉을 주도했고, 1974년 1월 긴급조치1호 위반으로 구속됐으나 지병으로 형

1973년 12월 24일 서울 YMCA 2층 총무실에서 개헌청원 백만인 서명운동을 발표하는 장준하 @장준하기념사업회

집행이 정지돼 풀려났다. 그러나 다음해인 1975년 8월17일 의문사 당했다.

박정희의 업적으로 유일하게 치부되는 대한민국의 경제 성장 역시 그만의 작품이 아니다. 낮은 임금과 열악한 환경을 참아낸 수많은 노동자의 땀과 눈물의 대가이며, 민중들의 남다른 교육열로 우수한 인재를 길러낸 것도 한몫을 한 것이다. 그러나 노동자들에게는 적절한 보상이 돌아오지 않았고 오히려 억압당했으며, 그 혜택은 대기업이 고스란히 받았다. 살기 힘든 노동자들은 죽음으로 항거해야만 했고, 그 결과 분신자살이 이어졌다.

일본군 중위 출신인 박정희는 비록 대통령이 되어 권력을 잡았지만 광복군 대위 출신인 재야 민주지도자 장준하에게 심한 열등감을 가질 수밖에 없었을 것이다. 더구나 은폐하고 싶은 사실들을 권력의 위협에도 아랑곳하지 않고 줄기차게 비판하는 장준하는 박정희에게 눈엣가시였을 것이다. 눈엣가시는 뽑아버리고 싶은 것이다. 박정희에게 맹목적으로 충성하는 이들의 눈에 이것이 보이지 않을 리가 없었을 것이다.

1979년 8월에 YH노조가 신민당사를 점거하는 사건이 벌어지자 경찰의 강제진압으로 인해 여공이 떨어져 죽는 사건이 발생했다. 이어 10월에는 부산과 마산에서 부마항쟁이 발생했다. 장준하는 1975년 8월에 아직도 공식적인 원인이 밝혀지지 않은 죽임을 당했지만, 박정희는 그로부터 4년 뒤인 1979년 10월 26일에 심복인 중앙정보부장 김재규에 의해 죽임을 당했다. 이 날은 70년 전 안중근 의사가 이토 히로부미를 암살한 바로 그 날이다.

우리는 누구의 삶을 따라야 하는가?

 장준하는 철저한 민주주의자였고 민족주의자였을 뿐 아니라 독실한 기독교 신자로서 평생을 민족과 민중을 위해 이타적인 순교자의 삶을 살았다. 일제강점기에는 조국의 해방을 위해서, 해방 후에는 조국의 민주화를 위해서 그의 온몸을 다 바쳤다. 그의 삶을 지배한 것은 기독교 집안의 자손답게 성경의 말씀이었다. 그는 창세기 28장 10~15절에 나오는 돌베개를 인용하여 1971년 자서전인 『돌베개』를 출판했다. 15절에는 다음과 같은 구절이 있다.

> 내가 너와 함께 있어 네가 어디로 가든지 너를 지켜주다가 기어이 이리로 다시 데려오리라.

 그러나 그는 제 수명을 다하지 못했다. 죽을 때까지 전셋집을 전전할 정도로 가난해 자녀들을 제대로 공부시키지도 못했다. 유족들은 가난과 당국의 감시로 쫓기며 살아야 했다. 죽은 지 38년이 지나서야 비로소 그의 죽음은 타살이라고 민간조사이나마 밝혀졌을 뿐이다. 하지만 아직도 정부 차원의 조사는 이루어지지 않고 있다. 언제나 하느님의 말씀대로 다시 그를 이리로 데려올 수 있을까?

박정희의 일생은 변신의 연속이었다. 그는 빈농 출신으로 당시 최고의 직업인 교사가 되었다. 일본인 교장 꼴 보기 싫다고 학교를 그만두었지만 찾아간 곳은 조국의 해방을 위한 광복군이 아니라 일본에 충성하는 만주군관학교였다. 당시의 많은 젊은이들이 목숨을 걸고 일본군을 탈출했지만 그는 탈출은커녕 일본군 장교로 매우 성실히 복무했다. 일본이 패전하자 잠시 광복군이 되어 귀국하고 해방 후에는 육군 장교로 변신했다. 그러나 곧 공산주의자가 되어 군부대의 남로당 프락치가 되었다. 그러나 군부대 내의 공산주의자 색출을 목표로 한 숙군수사 때 체포되어 궁지에 몰리자 알고 있는 남로당 동지들의 명단을 모두 팔아 목숨을 부지했다.

한국전쟁으로 다시 군대에 복귀한 그는 군사쿠데타를 일으켜 민주정부를 전복시키고 정권을 잡았으나 집권욕에 눈이 멀어 함께 한 쿠데타 동지들을 또한 토사구팽시켰다. 권력의 민간 이양을 약속했으나 10월 유신으로 종신대통령이 되었다. 그는 자신의 과거 전력을 지우기 위해 절대 반공을 내세우며 철권통치를 했다.

그러한 박정희를 지금도 일부에서는 대한민국의 경제를 일으켜 세웠고 북한의 위협으로부터 대한민국을 지켜낸 구국영웅으로 대접하고 있다. 그의 자녀는 육영수의 소생만 1

일본군 다카키 마사오(박정희)와 광복군 장준하 @장준하기념사업회

남 2녀이다. 그들은 평생을 호의호식했으며 그의 아버지가 공산주의자였음에도 단 한 번도 연좌제에 걸려 고통을 겪은 적이 없었다. 부모의 비참한 죽음에 연민을 느낀 많은 사람들의 지지는 그의 장녀가 대통령이 되는데 일조했다.

일제강점기에서 해방이 되고 대한민국이 건국되었음에도 불구하고 독립운동가의 가족과 자식들은 대부분 가난에 찌들었고 사상적으로 탄압을 받았다. 그러나 친일파의 가족과 자식들은 대를 이어 호의호식했다. 독립운동가는 재산을 털어 독립자금을 대느라 가난했고 쫓겼기에 자식들 교육을 시키지 못했다. 그러나 친일파의 자식들은 친일한 대가로 부를 얻었으며 자식들 교육을 잘 시켜 대를 이어 부와 권력을 유지했다.

2008년 8월 《시사인》의 자료에 따르면 독립유공자 유족 6283명 중 직업이 없는 사람이 60%를 넘고 봉급생활자는 10% 정도이며 중졸 이하 학력이 55% 이상으로 대부분 어렵게 산다고 한다. 또한 일부는 권력을 잡은 친일파의 후손에 밀려 외국으로 도피했다.

40명이 넘게 독립운동가를 배출한 안중근 의사 일가 중 안경근과 김구 선생의 며느리이기도 한 안미생은 박정희 군사정권에 의해 투옥됐으며, 조카 안진생은 전두환 정권 때 강제 해직당하여 충격을 받고 숨졌다. 안중근 의사의 후손들은 모두 미국으로 이주했다. 이승만에게 밉게 보인 임시정부의 지도자이며 흥사단을 창설한 도산 안창호 선생의 가족 역시 모두 미국으로 건너갔다. 신수범은 아버지인 신채호 선생이 임시정부 초기 이승만의 정책에 반대했다는 이유로 신변의 위협을 받고 떠돌이로 살다 이승만이 물러난 이후에야 취업할 수 있었다. 신채호 선생 역시 호적이 없다는 이유로 국적을 부여하지 않았었다. 김구 선생이 암살당한 후 임시정부에서 일했던 대부분의 사람들의 가족은 숨어 지내야 했다.

한편 친일파의 후손은 해방 후에도 사회 곳곳에서 엄청난 기득권을 누렸다. 을사오적 이근택의 장남은 공주대 총장을 역임했다. 친일파 민영휘의 후손은 휘문고등학교를 상속 받았으며 제일은행장과 한국은행 총재를 지냈고 강원도 춘천의 남이섬을 소유하고 있다. 대한제국 군대해산에 앞장선 정미칠적인 이병무의 후손은 국회의원과 노태우 정부에서 국무총리 비서실장과 환경처 차관을 역임했다. 한일병탄 조약 체결에 가담한 경술국적인 민병석의 후손은 대법원장을 지내는 등 법조계 거물로 활약했다. 조선 왕족의 종친인 친일파 이해승의 후손은 그랜드 힐튼 서울호텔의 회장이 되었다. 최고의 친일파 이완용의 후손은 대한사격연맹 사무국장을 지냈으며 이완용 땅 찾기 소송에 승소해 수십억 원을 챙겼다. 친일사학자 이병도의 후손은 서울대 총장과 문화재청장을 역임했으며 을사오적 송병준의 후손은 할아버지인 송병준의 땅 찾기 소송을 주도했다. 친일기업인인 김연수의 후손은 국무총리를 지냈으며 호남의 대표 친일파인 현준호의 후손은 현대그룹 회장이 되었다. 일제시기 판사를 지낸 홍진기의 후손은 삼성가의 며느리가 되었고 중앙일보 회장이 되었다. 친일파 방응모의 후손은 조선일보를 소유하고 있으며 김성수의 후손은 동아일보를 소유하고 있다.(이상 출처 《시사인》) 이른바 조중동으로 불리는 이러한 신문의 뿌리를 보면 그 신문의 논조를 이해할 수 있을 것이다.

서중석 성균관대 명예교수는 다음과 같이 말한다.

> 대한민국에서 친일파 후손은 선대의 부와 명예를 고스란히 이어받았고, 독립유공자 자손은 선대의 가난과 피해의식을 그대로 이어받아 사는 게 현실이다.

애국자와 민족반역자의 삶을 비교하면 평생을 이타적인 삶을 살아온 결과와 평생을 기회주의적인 삶을 살아온 결과가 이렇게 다른데, 우리는 어떻게 자식들에게 민족을 위하고 이웃을 생각하는 이타적인 삶을 살라고 교육할 수 있겠는가? 기회주의적인 삶을 살아온 세력이 마치 민족을 위한 보수주의자인 양 탈을 쓰고 있고, 이것이 받아들여지고 있는 것이 현재 대한민국의 현실이다. 바로 장준하와 박정희가 대한민국에서 독립군과 친일파의 삶을 대변하고 있는 것이다.

흥사단 투명사회운동본부의 윤리연구센터가 2013년 6월에 전국 초·중·고생 2만1000명을 대상으로 조사해 발표한 〈2013년 청소년 정직지수와 윤리의식〉 조사 결과의 일부다. "10억 원이 생긴다면 나쁜 짓을 하고 1년 동안 감옥에 가도 좋다"는 설문에 '그렇다'라고 대답한 학생이 고등학생들의 47퍼센트, 중학생은 33퍼센트, 초등학생은 16퍼센트나 된다고 한다. "이웃의 어려움과 관계없이 나만 잘 살면 된다"에는 '그렇다'고 생각하는 고등학생이 36퍼센트, 중학생은 27퍼센트, 초등학생은 19퍼센트라고 한다.

나이가 들어갈수록 윤리의식이 실종되는 이러한 결과를 낳게 된 근본 이유는 우리 사회가 정의롭지 못하기 때문이다. 사회가 정의롭지 못하게 된 이유는 옳은 일을 한 사람이 대접을 받는 것은 고사하고 배척당하기 때문이다. 이렇게 된 이유는 해방 이후에 단 한 번도 친일파에 대항해서 독립군들이 권력을 잡지 못 했고 결과적으로 친일파를 단죄하지 못했기 때문이다. 더구나 친일파는 해방 후에도 기득권을 계속 유지하며 선조들의 과거를 미화하기 위하여 역사를 왜곡하고 있다. 이러한 행동의 결정판이 2013년 정부가 나서서 무리해 가며 친일과 독재를 미화한 특정 출판사의 교과서를 고등학교 역사 교과서로 인정하게 만든 것이다. 친일한 행위가 대한민국을 건국하는 데 도움을 준 것이라 주장하고 일본의 극우파보다 더 심한 식민사관 주장을 고등학생을 가르치는 교과서에 실어 놓았으니 어찌 우리나라가 완전한 해방이 되었다 할 수 있겠는가?

나 역시 이러한 대한민국의 현실이 만들어져 가고 있는 동안 침묵하면서 무의식적으로라도 도움을 주지 않았는지 생각해 볼 일이다. 과거 독일의 히틀러가 유태인 6백만 명을 죽인 것이 결코 히틀러 혼자서 무법적으로 한 일이 아니었다. 거기에는 합법임을 내세우며 적극적으로 참여한 이도 있지만 침묵으로 동조한 수많은 독일 젊은이들이 있었기 때문이다.

자라나는 미래의 세대가 정의로운 대한민국에서 살 수 있도록 하기 위해서는 장준하 죽음의 원인을 밝혀내야 한다. 그럼으로써 해방 후에도 친일파가 광복에 온몸을 바친 애국지사를 어떻게 해쳤는지 밝히어 진실을 왜곡한 역사를 반드시 바로잡고 그들에게 죗값을 물어야 할 것이다.

그 모든 것이 마무리되어야 비로소 이 땅에 진정한 해방의 날이 올 것이다.

남은 이야기

한반도의 존망이 달린 중국의 핵발전소

  보름 간 중국의 도시와 시골을 골고루 다니다 보니 중국 사람들이 교통수단으로 많이 사용하는 것이 전기자전거와 전기오토바이임을 알게 됐다. 이제 사람의 힘으로만 움직이는 일반적인 자전거는 거의 찾아보기 힘들어졌다. 대부분이 전기자전거이다. 처음 중국에 왔을 때 소리가 안 나는 전기오토바이를 보며 중국이 공해 방지에 무척 신경을 쓰는 것 같아 좋은 인상을 받았지만 이제 보니 그것이 아니었다. 돈이 없어 자동차를 사지는 못하지만 그들은 대신 자전거와 오토바이를 산다. 그런데 동력은 모두 전기다. 가난한 그들이 전기자전거를 타고 전기오토바이를 이용한다는 것은 석유값보다 전기값이 싸다는 말 외에는 설명할 방법이 없다.

  난양이나 충칭과 같은 거대 도시를 걸어 다녀 보니 그 더운 날씨에도 가끔 건물 앞을 지나다 보면 의외로 시원할 때가 많았다. 그 이유는 모두 문을 열고 에어컨을 틀고 있기 때문이다. 그들이 문을 여는 이유는 손님을 그만큼 더 많이 오게 하려고 하는 상술이지만 그 이면에는 역시 싸게 전기를 사용할 수 있다는 데 있다. 보통 전기의 에너지 효율이 30~40퍼센트에 불과하다는 사실에서 볼 때 이렇게 값싼 중국의 모든 전기가 수력이나 화력발전소에서만 생산하지 않을 것이라는 것은 자명하다.

많은 서민들이 쉽게 사용하고 낭비할 정도로 왜 이렇게 전기값이 쌀까? 그 이유는 단 하나, 전기를 생산하는 곳이 수력이나 화력이 아닌 핵발전소라는 것이다. 보름간 다니면서 원자로 같은 큰 건물을 먼발치에서 서너 번 봤다. 반드시 그 발전소가 핵발전소라고 단정할 수는 없으나 화력 아니면 핵발전소임은 틀림없을 것이다.

그러나 실제로 핵발전에 의한 전기값은 결코 싸지 않다. 싸다고 하는 것은 눈가림이다. 왜냐하면 핵발전으로 야기될 수 있는 사고에 배상하는 비용을 전기값에 충분히 반영하지 않았을 뿐 아니라 수명한계가 지난 핵발전소를 해체하고 방사능 오염을 관리하는 등의 환경 비용도 실제 비용보다 훨씬 낮게 책정되었기 때문이다. 즉 발전에 드는 비용만 주로 계산하여 공급하니까 단가가 싸져 전기값이 싸게 보이는 것뿐이다. 따라서 지금 원가에도 못 미치는 가격으로 흥청망

청 쓰고 있는 그 대가를 그들의 후손들은 그대로 받을 수밖에 없다. 그들은 후손의 몫을 미리 가져다 마구 낭비하고 후손들은 써보지도 못하고 그들의 조상이 진 빚을 대신 갚아주게 될 것이다.

핵발전은 그 자체가 핵무기의 원료를 공급한다. 재처리를 하면 핵무기의 원료를 만들 수 있기 때문이다. 따라서 겉으로는 평화적인 것처럼 보이나 이면에는 핵무기 개발을 부추기는 면도 있다. 핵발전소를 건설하는 과정과 우라늄을 채취하는 과정에서 소모되는 화석원료와 매일 엄청난 양의 온폐수를 바다와 강으로 흘려보내는 것을 볼 때 결코 청정에너지가 아니다. 핵발전은 그 구조상 진실을 왜곡할 수밖에 없고 생태계를 파괴하며 지역민의 희생을 강요해 민주주의를 훼손할 수밖에 없다. 또한 소수의 이익을 위해 다수의 고통을 강요하는 가장 비효율적이며 매우 비싼 발전 방식이다. 그럼에도 핵발전 관계자는 국민의 세금으로 오로지 장점만 홍보하여 우리를 세뇌시키고 있다.

중국은 핵발전소가 매우 많다. 2011년 미국의 월스트리트 저널이 발표한 세계원전건설 현황에 따르면 중국이 건설 중인 원전은 27개로 세계에서 가장 많다고 한다. 중국은 이미 27개의 핵발전소가 있고 추가로 50개를 8~10년 안에 건설할 예정이라고 한다. 핵발전소는 내륙에도 있지만 특히 중국의 동해안에 많이 설치되어있다.

내 생전에 중국에서 핵발전소 사고가 일어나지 않으리라는 보장은 할 수 없다. 일본에서 사고가 생겼다는 것은 이 세상 어디에서도, 특히 중국 같은 곳에서는 사고가 충분히 일어날 수 있다는 것을 의미한다. 만일 중국에서 단 하나라도 후쿠시마 핵발전소처럼 아니 체르노빌 핵발전소 사고만큼이라도 사고가 난다면 중국이 당하는 피해보다 훨씬 더 큰 피해를 북한이나 대한민국 사람들이 볼 수 있다.

중국과 대한민국은 매우 인접해 있다. 중국에서 한반도를 지나 일본으로 가는 편서풍은 방사능 물질을 순식간에 한반도로 몰고 올 것이다. 우리는 도저히 그것을 막을 방도도 없고 방사능 물질을 고스란히 덮어쓰게 된다. 중국에 보상을 요구할 수도 없다. 그냥 당하는 것이다. 그렇게 되면 북한이나 대한민국은 국가의 기반이 흔들려 국가의 존망이 위태롭게 된다. 한국에서 핵발전소 사고가 나면 그 피해는 우리는 물론 일본에 지대한 영향을 미친다. 따라서 일본은 한국의 핵발전소를 경계해야 하고 한국은 중국의 핵발전소를 경계해야 한다.

핵발전소의 사고 확률은 매우 적다고 홍보하지만 2012년 기준으로 전 세계 429기의 핵반응로 중 사소한 사고는 제쳐두고라도 매우 큰 사고만 벌써 3번이나 일어났다. 만일 자동차가 429대 중 3번의 비율로 큰 사고를 일으킨다면 그 자동차를 팔아먹을 수 있을까? $\frac{3}{429}$은 결코 낮은 확률이 아니다.

한반도를 둘러싼 지역은 문제가 매우 심각하다. 이미 북한은 3차 핵실험을 강행하여 여러 개의 핵탄두를 가지고 있을 것으로 추정되며, 한국과 중국 그리고 일본에 기존 설치된 것을 포함하여 건설 중인 핵반응로가 300여 기나 된다. 만에 하나 사고라도 난다면 영토가 작은 우리나라와 북한은 어떻게 될까?

그럼에도 대한민국 정부는 이러한 우려를 중국 정부에 전달하기는커녕 아직도 핵발전소를 더 짓고 외국에 팔아먹을 생각만 한다. 전기를 싸게 사용하고 싶은 탐욕에 중국인이나 우리나 미래는 걱정하지도 않는다. 오직 핵발전소는 사고 날 가능성이 거의 없다고 지금도 우리가 내는 세금을 갖고 민중들을 속이고 있다. 아무리 사고가 날 가능성이 매우 희박하더라도 사고가 날 경우 입는 피해가 천문학적으로 크면 사고에 대한 기대값, 즉 피해가 엄청 크다는 것을 모르는 것일까, 모르는 척하는 것일까?

|책을 마치며|

 앞서 인용했지만 2013년 10월에 흥사단 투명사회운동본부는 전국 초·중·고등학생 2만여 명을 대상으로 청소년 정직지수를 조사한 결과를 발표했다. 고등학생 응답자의 47퍼센트가 "10억 원이 생긴다면 나쁜 일을 해 감옥에 가도 좋다"고 대답했고, "이웃의 어려움과 관계없이 나만 잘 살면 된다"는 데 동의한 고등학생도 36퍼센트나 된다는 것이다. 정직지수는 초등생보다는 중학생이, 중학생보다는 고등학생이 더 낮다고 한다. 즉 나이가 들수록 더 부정직해진다는 결과이다. 이것은 지난 2012년보다도 더 나빠진 결과라고 한다.

 새삼스러울 것이 전혀 없는 당연한 결과이다. 이렇게 된 이유는 우리 사회가 정직할수록 그리고 정의감이 있을수록 피해를 본다는 의식이 팽배하기 때문이다. 예를 들어 내부의 부정과 비리를 외부에 알려 나라와 사회에 대단히 큰 이익을 주었다 했을지라도, 그 사실을 알려준 이는 사회의 칭송을 받기는커녕 내부고발자라는 오명과 함께 다니던 직장에서 쫓겨나고 심지어는 사회적으로도 매장되는 경우가 허다하다. 초록은 동색이라고 너나 할 것 없이 거의 모든 사회 구성원이 위아래 할 것 없이 조금씩은 부정과 부패 그리고 비리에 젖어있기 때문이 아닐까?

우리가 이러한 잘못된 의식을 갖게 된 주요 원인은 해방 후에 남한을 점령한 미국의 정책에 따라 친일파를 처단하지 못하고 오히려 친일파에 의해 나라의 독립에 온 몸을 다 바친 애국지사들이 처단 당하였기 때문이라 생각한다. 더구나 이러한 사실은 무력에 의해 은폐되고 왜곡되어 수십 년간 우리를 지배했으며 결과적으로 정의감을 올바르게 보는 역사교육을 할 수 없었다. 이러한 상황에서 나라가 다시 어려워졌을 때 어느 누가 나라를 구하고자 나서겠는가?

대표적인 경우가 바로 장준하와 박정희의 관계이다. 장준하는 일본군을 탈출하여 죽음을 무릅쓰고 충칭에 있는 임시정부까지 2400킬로미터에 달하는 육천 리 길을 걸어갔고 조국의 광복을 위해서 온 몸을 던진 광복군이다. 반면 박정희는 자신의 영광을 위해 당시 가장 선망의 자리였던 교사를 박차고 일본 왕에게 혈서로써 충성 맹세까지 하여 만주군관학교에 들어가 일본군 장교가 된 자이다. 그러나 해방이 된 후에 독립군 장준하는 친일파 박정희 정권 때 죽임을 당했다. 이처럼 해방이 되고 나서도 친일파들은 또 다시 가해자 되었고 조국의 독립을 위해 모든 재산과 몸을 바쳐 싸운 많은 애국지사들은 피해자가 되었다. 친일파의 후손들은 대체로 사회의 기득권층이 되었고 독립운동가의 후손들은 많은 경우 사회의 하층민이 되었다.

  이러한 일이 해방 후 70년이 넘도록 고쳐지지 못하고 갈수록 악화되고 있으니 우리는 자식들을 이타심과 정의감이 넘치는 사회인으로 떳떳하고 자신 있게 교육시킬 수 있었겠는가? 모난 돌이 정 맞는다고 아무리 옳은 일이라 할지라도 나서지 말라고 가르쳤다. 남이 정의로운 일을 하면 박수갈채를 보내지만 자기 자식만큼은 나서지 말길 바랬다. 양심의 가책은 받겠지만 자신의 이익을 위해서는 사회의 손해나 남의 불행도 아랑곳 하지 않게 되었다. 사회 곳곳에 만연해 있는 부정과 부패와 비리를 보아도 당연히 눈을 감게 했다. 그러하니 돈을 위해서라면 감옥에 가는 것도, 자신의 이익을 위해서는 이웃의 어려움도 아랑곳 하지 않는 것은 당연한 결과이다.

  이러한 사회 현실에 환멸을 느끼고 있던 차에 38년 만에 장준하 선생이 타살되었다는 보도를 들으니 너무도 화가 났다. 그러한 보도에도 불구하고 정부는 정확한 사인을 밝히려는 노력조차 보이지 않고 여론도 잠잠해지는 것을 보니 참을 수가 없었다. 그래서 다시 한 번 장준하 선생을 알리고자 그분이 중국에서 일본군을 탈출해 충칭의 임시정부로 갔던 경로를 따라 가려고 마음을 먹었다. 장준하 선생이 그 먼 길을 걸어갔으니 우리도 걷는 것에 가장 가까운 교통수단인 자전거를 이용해서 가기로 했다.

당시 장준하 선생이 탈출한 일본군 부대가 있던 장쑤성 쉬저우에서 출발해 후베이성 라오허커우까지 약 800여 킬로미터는 작은 언덕도 거의 없는 평지였다. 린취안에서는 한국광복군 훈련반이 있던 린취안제일중학교, 난양에서는 중국 중앙군 난양전구사령부가 있었던 난양경제무역학교, 그리고 라오허커우에서는 장준하 선생 일행에게 많은 도움을 준 이종인 부대 역사박물관과 장준하 선생을 진료한 부민병원을 방문했다. 라오허커우 이후 빠똥까지 약 400여 킬로미터는 고산지대로 해발 1500m 이상의 고개를 여러 번 넘었다. 장준하 선생 일행이 빠똥에서는 군함을 타고 충칭으로 갔으나 지금은 선편이 끊겨 우리는 빠똥에서 기차를 타고 충칭으로 들어갔다. 충칭 기차역에서 대한민국 임시정부 청사까지 10여 킬로미터는 다시 자전거로 이동했다.

뜻밖에 그 어려운 길을 함께 가겠다는 동지들이 나섰다. 한남대학교의 임동순 교수, 대전대학교의 전태일 교수, 선일부부치과의 고병년과 윤일선 원장, 남양주의 자전거세상만들기 협동조합 임수현 대표이다. 아울러 적극적인 후원을 해 준 민족문제연구소와 대전지부 회원들에게 감사를 표한다.

2014년 6월
정의가 바로 서는 날을 기대하며 솔찬 이규봉

| 참고문헌 |

고상만, 『장준하, 묻지 못한 진실』, 돌베개, 2012

김구, 도진순 주해, 『백범일지』, 돌베개, 2002

김삼웅, 『장준하 평전』, 시대의 창, 2012

김성태, 『의사 김재규』, 매직하우스, 2012

김재홍, 『누가 박정희를 용서했는가』, 책보세, 2012

김준엽, 『장정1 나의 광복군 시절』, 나남출판, 1987

승영호 외, 『장정육천리』, 한광반학병동지회, 1979

장준하, 『돌베개』, 세계사, 2012

　　　　『쉽게 읽는 돌베개』, 세계사, 2012

장준하 선생추모문집간행위원회 편, 『민족혼·민주혼·자유혼』, 나남, 2010

정운현, 『실록 군인 박정희』, 개마고원, 2004

조갑제, 『박정희의 결정적 순간들』, 기파랑, 2010

최상천, 『알몸 박정희』, 사람나라, 2001

한국천주교주교회의, 『핵기술과 교회의 가르침』, 한국천주교
　　　중앙협의회, 2013

한홍구, 「장준하와 박정희: 살아 있는 싸움」, 《씨알의 소리》 224호, 2012년

장준하 구국장정 6천리 따라 자전거 기행 | 초판발행 2014년 07월 18일 | 2쇄 2015년 02월 25일 | 저자 이규봉 | 펴낸곳 도서출판 문화의힘 | 펴낸이 이순옥 | 대전 동구 대전로 867번길 52(삼성1동) 한밭오피스텔 406호 · 등록 제117호 · 전화 042 633 6537 · 전송 0505 489 6537 | ISBN 978-89-90647-76-4 | ⓒ 이규봉 2014 | 인지는 생략합니다.

| 값 11,000원 |